てっぺんとるまで！

役者・寺島 進自伝

寺島進

ポプラ社

父親と寺島少年。深川の実家の屋上で。

てっぺんとるまで!

役者・寺島進自伝

寺島進

ポプラ社

プロローグ

あれは北野《きたの》武《たけし》監督の3作目『あの夏、いちばん静かな海。』の撮影中のこと。千葉の千倉《ちくら》にある旅館にスタッフもキャストも泊まり込んで撮影してたの。その日の撮影が終わって夜は大広間で食べて飲んでさ。あとは三々五々、帰る人は帰って、飲み続ける人は飲んで……という感じで、俺が助監督と飲んでたら、北野監督が声をかけてくれたんだ。

「あんちゃん、ちょっと来いよ」

『俺!?』みたいな。でも嬉しいから「はい!」って飛んで行ったの。そしたら監督の目の前に座らせてもらってさ、一緒に飲ませていただくことになった。

「あんちゃん、役者、目指してんだろ?」

「はい……!」

「あんちゃん、まだ売れてないかもしれないけど、役者って仕事は一生続けていきなよ。役者はいいぞ? スポーツ選手とか、俺みたいにしゃべる仕事は反射神経もいるし、現役を引退しなきゃいけない時期があるんだよ。でも役者ってのは、死ぬまで現役でいられるんだから。今売れてなくても20年後、30年後に売れて、死ぬ間際に天下取ったら、あんちゃんの人生、勝ちだからよ」

その言葉をいただいたときに、ああ、俺、役者をやり続けていいんだなぁって思った。

そうか、役者って死ぬまでやり続けられるんだ。

死ぬ間際までに天下を取れたら、俺の人生、勝ちなんだ……確かになぁ、ってさ。

その言葉にはホントに勇気づけられたんだよね。

当時、役者の仕事は年に何回か数えるほどしかなかった。

笹塚《ささづか》にある6畳一間のオンボロアパートに住んでたんだけど、毎月カツカツで家賃を払うのもやっとでさ。

カネに困ったら鬼怒川のウェスタン村でアルバイトをさせてもらって食いつないで、年収なんて100万円もなかったと思う。そんな状態だったけど、役者になるってことに対してもうダメだとか、もうやめようって思ったことは不思議となかったんだよな――。

てっぺんとるまで！

——目次

第三章 その男、追っかけにつき

第四章 粘り勝ちの〝映画俳優〟

第五章 「幸福の鐘」が鳴る

第六章
人生の主役へ

第一章

凸凹の足跡が始まる——

深川の男たち
〜ヤンチャの英才教育〜

俺の一番古い記憶は、幼稚園までの道のりをお袋と一緒に歩く景色かなぁ……。雪が積もってて。昔の東京はけっこう雪が降った気がする。今よりもっと寒かったんじゃない？

俺が歩くたびに「ザク、ザク」って長靴で雪を踏む音がして、ギザギザしたジープのタイヤみたいな凸凹の足跡がついていった。スタンプみたいに。お袋がその足跡を振り返り振り返り言ったの。

「これが進の足跡なのねぇ」って。

それ聞いて、俺も『ああそうか、これが俺の足跡かぁ…』って。なんかそんなことを思った記憶があるねー。だから、それが俺の「足跡」の始まり。

うちは深川《ふかがわ》の畳屋で、俺は3人兄弟の次男坊として生まれた。

周りから聞くところによると、目がパッチリしてすごくかわいい子だったらしいよ？　でもすんごい無口だったらしい。3歳ごろまでホントにしゃべらなかったって。だから友達を作るのは下手だった気がする。それは今でもそうだけど……。俺、芸能界の友達は少ないんだよ。この世界ってけっこう偽善者が多いからさ、それが見えちゃうと引いちゃう。けっこう、疑り深いんだろうね。

無口ではあったけど、近所に同世代の子供が多かったから遊ぶ仲間には困らなかった。

うちには住み込みの職人さんもいて。

みんな中学卒業後すぐうちに修業に来てた若い職人さんだから、よく遊んでもらってたよね。どこか親戚の兄ちゃんみたいな感覚があったかもしれない。

俺が幼稚園くらいのころからいたのが坂下靖夫さんで、通称ヤスオちゃん。小、中学生のころいたのが柴さんで、通称ミオさん。

うちの家族と朝ご飯も夜ご飯も一緒で。若いからよく食べるのよ。俺らは茶碗だけど、職人さんはよくどんぶりにゴハンをガッとよそって食べてたのを覚えてる。

ミオさんはすごいヤンチャだった。

要らなくなった畳の裏に絵を描いて遊んでくれたんだけど……畳の裏って藁《わら》がむきだしになってるの。そこに……なんつうの？　ちょっと言いにくいけど、女の裸の絵を落書きしてさ。スナイパーみたいにその絵に向かって畳針をバッと投げて、どこに当たるか、なんて遊びをよくやってたよ。

ミオさんはその辺一帯、深川の暴走族のアニキ的存在でもあったの。だから、うちの店はヤンチャなあんちゃんたちの溜まり場になってた。一見、コワいあんちゃんたちが嬉しそうに笑い転げたり、ときどき神妙な顔でミオさんの話を聞いたりしているのを、いいなぁ、楽しそうだなぁ〜なんて思いながら眺めてたよ。小学生のころだから、みんながすごく大人に見えた。

俺はミオさんが働く店の倅《せがれ》だってことでかわいがってもらってね。ヤンチャの英才教育を受けて育つことになった。

英才教育の影響があったかどうかは分からねぇけど、小学校高学年のころには菅原《すがわら》文太《ぶんた》さんの『トラック野郎』に憧れるようになってた。

当時、映画を見たいときは、いつも親父にせがんで錦糸町《きんしちょう》の楽天地って映画館に連れて行ってもらってたの。そのへんの子供たちは『ゴジラ』シリーズに夢中だったけど、俺は早々に卒業して、『トラック野郎』の男くさい世界に目をキラキラさせてた。

毎年、夏休み興行と、お正月興行の季節には新作が公開されてね。もう、必死で見

てた。文太さんが演じる桃次郎は男らしくて優しくて、でもなんかズッコケてて笑えるところもあるんだよなぁ。そういうところがホントにかっこよかった。

映画館はいつも人が満杯で、すごい活気に溢れててさ。俺なんかよく通路に新聞紙敷いて座って見てたもんだよ。映画は老若男女みんなの娯楽だったし、スターは今よりもっとスターだった。いい時代だったよなぁ……。


〝桃さん〟に憧れた俺は、電飾のネオンがピカピカピカピカしてるデコトラにも憧れたわけ。

大人になったらデコトラの運転手になりたいと思ってた。でも、それができるのはまだまだ先の話だから、とりあえず桃さんの気分を味わうために、自転車の改造をやったの。ハンドルをドロップハンドルに改造して、そのドロップハンドルに沿ってピカピカ光る電飾を飾って。またちょうど都合よく近所にあったんだよ、デコトラ御用達みたいな電飾屋さんが。

いわゆる〝デコチャリ〟だな。それを得意になって乗り回してた。

そのころ『イージー・ライダー』って映画も流行ってたから、その影響もあるかもしれない。……いや、まァ流行ってたのは流行ってたけど、俺そんなに思い入れないから、やっぱ桃次郎だな。

だから小学校6年のころの俺はヤバかった。悪い意味でも良い意味でも、ものすごく目立つガキだったよ。

目立つ宿命で、近所の先輩に「進、こっちこい」って呼び出されることもあった。「そんな生意気な自転車乗って……お前、帳面につけとくかんな！　中学入ったら楽しみにしとけ！」なんて脅されてさ。でも、そんなことくらいじゃ、俺の勢いは止まらなかったね。

〝不言実行〟親父の背中

俺が小学生の時分はまだ親父みたいな畳職人もいっぱいいてさ。

江東区の畳職人が集まる「江東区畳連合会」みたいなものも活気があった。夏休みになるとその会に入ってる畳職人とその家族たちで、でっかい観光バス一台まるまる貸し切って、木更津《きさらづ》の海に遊びに行くの。

それは夏の恒例行事で、俺も毎年楽しみにしてた。

毎回、深川の石島《いしじま》ってところが集合場所でさ、そこからバスが出るんだけど、いつも朝6時半出発でめちゃくちゃ早いんだよ。ちょうどラジオ体操が終わるころで……あの早朝の気持ちいい空気、思い出すなァ……。

そんな爽やかな早朝出発なのに、バスの中じゃ、大人たちはすぐ飲み始めちゃってさ。

バスガイドさんが使うマイクで好き勝手に歌い出すのも恒例で。今みたいな通信カラオケなんてない時代だから、ハチトラとか、もしかしたらアカペラだったのかもしれない。

うちの親父は前の方に座るんだけど、俺はいつも住み込みの職人さんと一緒に後ろの方に座るんだよ。しばらくしたら横の職人さんが俺にコソッと囁《ささや》くんだ。

「もう少しお酒が入ったら、お父さん歌うぞ」って。

そしたら案の定マイクを持って……親父、民謡か何か習ってたらしくて、うまいんだか下手なんだかよく分かんないんだけど、すげえ楽しそうに歌うのよ。それが、聞いてるみんなを不思議と和ませるような力があって、いつもすげェ場が盛り上がるんだよね。子供心にそれが嬉しくて、そんな親父が大好きだった。なんか『かっこいいじゃん』って誇らしく思ってた。

うちの親父はね、一言でいうと〝不言実行〟の人。

中学卒業してから家業の畳屋を継いでやってきた職人だから、あんまり口数は多くないけど、畳屋としての腕は一流だったと思う。

親父は酒が好きでね。昼間からコップ酒をあおって仕事してることもあった。「なに飲んでんの？」とか言っても、「ガソリン代わりなんだよ」なんてトボケて言ってさ。でも確かにヘンに酔っぱらうわけじゃないし、飲んでる方が仕事が捗《はかど》るみたいで、畳を縫うのまで速くなるんだよね。ジャッキー・チェンの『酔拳』じゃないけど、あれはすごい技だった。

仕事も丁寧だったみたいよ？　うちの近所じゃ「寺島畳店を知らないやつはモグリだ」なんて言われてたんだから。子供のころは分かんなかったけど、親父が死んでから人づてに聞くこともあったりしたね。親父が手掛けた料亭の廊下の畳は、他の人じゃうまく張り替えられなかったって聞いたりして、ああ職人としてちゃんとしてたんだなって。

ちょっと話は飛ぶけど、俺、やっぱり畳屋の倅だから、和室がないと落ち着かないんだよ。だから、今住んでる家も和室があるんだけど、定期的に畳の張り替えなんかもやってってさ。近所の畳屋さんにやってもらうんだけど、やっぱり、そういうときにしみじみ感じる。親父が張り替えた畳の方がピシーッとしてて、うまかったなって。だからまぁ、なかなかいい職人だったんだね。単に酒ばっか飲んでたわけじゃないんだなと思ったよ。

伝統の中ランとお袋の夜なべ

小6でデコチャリ乗り回してたくらいだから、中学に入った俺は、普通にヤンチャなこともやった。でも、下町の若いやつなんてみんなそんな感じだったよ？

中学時代はみんな学生服を改造したりするじゃない？　中2のころにはサイドバックのリーゼントにして、初めて自分で白いバギーパンツを買いに行った。バギーって太いズボンのことね。あのバギーはかっこよかったなァ……。上は茶色のシャツを合わせてさ。当時の感覚では大人っぽくてけっこうオシャレだったのよ。

そして高校時代。俺が入ってた葛飾野《かつしかの》高校のハンドボール部には先輩から代々受け継がれてきた「中ラン」があって、それを俺が譲り受けることになったの。それがもう嬉しくてさ〜。そのころの俺からしたらすごい名誉なことだったから。

砂町《すなまち》銀座にヤンチャな学生服専門の店があったんだけど、中ランに合うように、初めて「ずん胴」を作りに行ったんだよね、オーダーメイドの。俺らは「ずん胴」って言ってたけど、いわゆる「ボンタン」だな。太さが何センチ、股上が何センチ、渡りが何センチとか、細かく採寸してあつらえたわけ。

完成するまでしばらくワクワクしながら待ってさ。いざ完成して、さぁ明日は気合い入れて学校行くぞ、とハンガーにつるして寝たんだけど、翌朝、ずん胴をはこうとしたらなんかおかしい……。

ズボンの幅が細くなっちゃってんの、なぜか。なんで!? どういうこと!? 寝る前までずん胴だったよなぁ!? って、キツネにつままれたみたいに呆然とつっ立ってたら、お袋が激怒しながら部屋にやってきて言った。

「コラ進! あんなズボンはいて家から外に出るんじゃないよ。恥ずかしいでしょうが!!」

お袋、夜なべしてズボンを細くしたんだね。ホラ、歌であるじゃん。♪母さんが夜なべをして手袋編んでくれた〜♪って。うちは母さんが夜なべしてズボンを細くしてくれちゃった。やられたねー。あれはホント頭きた。だって初めてのオーダーメイドだよ?

お袋にはよく怒られた。お袋は教育熱心というか。

「勉強しなさい。これからはやっぱり勉強ができないとダメだ」なんてよく言ってたよ。

塾にもむりやり入れさせられてさァ。でもダメだよ、俺、勉強嫌いだし、やる気ねェんだもん。やる気ねェやつが勉強できるようになんてなるわけない。本当はそのころ、武道がやりたかったんだけど、道場は禁止されてた。

お袋が俺のことを思ってうるさく言ってくれてるのは分かるけど……果たしてお袋は俺にどんな大人になってほしかったのか。

塾に行くより役立ったガンつけの訓練

それに対して親父は何も言わなかった。

ただ、一つだけきつく言われてたのが「何やってもいいけど、人に迷惑はかけるな」ってこと。そう、だからその言葉はずっと俺の胸にあって、誰かの迷惑になるようなことはやめようって。

喧嘩はまァ……なんせ下町だからさ、喧嘩っ早くて強いやつが多いからね。俺は強さでいうとたいしたレベルじゃなかったけど、でもなるべくなら負けたくはない。だから、中学2年のとき、喧嘩が強くなるために地元の暴走族にも入門した。暴走族っても、目的は喧嘩で強くなることだから硬派なのよ。格闘技習いに行くみたいなもんだね。入門してまず何をしたかっていうと、ボクシンググローブをはめさせられてジャブの練習。俺だけじゃないんだから、喧嘩強くなりたいやつは。そんなことをみんなで真剣にやってたよ。

高校時代は、下町の地域、地域に暴走族のグループがたくさんあった。そんな中に気の合う友達がいてねェ……。実家にバイクの集合管の爆音が近づいてくると、お袋が、

「ほら！　進の友達が来たよ」

なんて言いに来るわけ。パンチパーマや茶髪の友人が続々と家の中に上がり込むと、あんまりいい顔してなかったんじゃないかな、お袋は。

当時は帰宅時間が夜中になるから、電話して親を起こして鍵を開けてもらってた。毎晩そんなだから、あるとき親父から合鍵をもらったんだよ。なんか大人になった気

持ちになったね。

いつも何してたかっていうと、地元の組織の若頭に岩井さんって人がいて、かわいがってもらってたの。深川界隈や錦糸町に飲みに連れて行ってもらって、いろんな夜の遊び方を教えてもらったっけ。錦糸町のスナックへ行ったときも、目の前にいるホステスさんに対して、「あの女は○○組の女だから、気をつけて飲めよ」なんて注意を受けたりしたね。

そんな岩井さんの事務所に年賀状を送ったら、岩井さん嬉しかったんだろうね。正月、また錦糸町の店に連れて行ってもらったんだけど、「進、ちょっと外出て」って言うんだよ。何かと思って店を出たら、照れくさそうに言った。

「年賀状ありがとな！　これお年玉だ」

それでポチ袋を渡してもらって。俺の印象だと、当時はあんまりシノギがいいときじゃなかった。だから中身の五千円札が嬉しくてね……。

そんな岩井さんも何年か前に他界しちゃった。最後に会ったのは、俺が専門学校に入って殺陣《たて》の勉強を始めたころかな。深川の夜道を一人で歩いてたらバッタリ。

「お。進、久しぶりだなあ。ちょっと飲むか」

って、屋台のおでん屋さんへ連れて行ってもらったんだ。そのとき、言われたの。

「進がこれからどんなに売れても、深川を忘れたら寺島進じゃなくなるからな」

その言葉は今も身に染みてる。今思えば、あれは岩井さんの遺言だったのかなァ。


高校時代に話を戻すと、喧嘩はハッタリも大事だから、街で絡まれたときは、どういう表情で睨《にら》みつけたら相手がビビるのか、効果的なガンの飛ばし方とか、こう言われたらこう言ってやろうとか、ひたすら鏡の前で練習してた。

どんな感じだったか？　やらないよ！　恥ずかしいからもう忘れた！

今思うと笑える特訓だけど、結局のちのち役には立ったんじゃない？　剣友会にいるころは暴走族とかチンピラとかガン飛ばしてる役ばっかなんだから。

まさか俺が役者を志すなんて、そのころは誰も思ってなかったけど……。

小学生のころ「将来の夢」みたいな作文書かされるでしょ？

俺、あれには「畳屋になりたい」って書いてたんだ。でもそれは孝行息子みたいな意味じゃなくて、軽い「覗き見趣味」みたいな理由。

昔は新年に畳の張り替えとか表替えをする人が多かったから、大相撲の九州場所が始まる11月あたりになると畳屋は忙しくなる。俺も駆り出されて、よく手伝ってたよ。家族総出でやってたから、手伝わなきゃしょうがなかった。ま、小遣いはくれたからね。俺の一番初めのアルバイトだ。

畳屋ってちょっとした引っ越し屋みたいなもんなんだよ。畳を張り替えてほしいという家に行って、その部屋の家具から何から運び出すところから始まる。そのあとで、ようやく畳を取り出して、トラックに積んで店に持ち帰るわけ。で、畳を張り替えたら、また同じように「敷き込み」に行くんだけど、なんせいろんな人のいろんな生活ぶりが見られるから面白かったんだよね。

俺たちが仕事しやすいようにきれいに片づけてくれてる行儀のいい家もあれば、散らかり放題の行儀の悪い家もある。ああ、世の中にはいろんな人がいて、いろんな生活があるんだなって……。

ま、それはさておき、やっぱ畳屋を継がないといけねえのかなァとか、俺の中ではいろいろ思うところはあったわけ。

うちはじいちゃんの代から深川の畳屋で。

親父は家業を継いでほしいっていうのはあったんだろうけど、俺が高校生のころにはもう畳屋は斜陽でさ。いい時代じゃなかったから高校卒業してどうするってときに、「好きな道があったらそっちに進みな」って言ってくれたんだよね。

父親はじいちゃんが年取ってからの子だったから、中学を卒業したらすぐに家業を継がなきゃいけなかった。自分が何をしたいかなんて考える選択肢もないまま家業を守ってきた職人だったの。

だから親父からもらった「好きな道に進みな」って言葉はなんか……ずっと重く胸に残ったんだ。

やるときはやる、下町の気質が進路を決めた

その「好きな道」が見えてきたのは、興味があって進んだ俳優の専門学校に通うようになってからだった。

専門学校に行ったきっかけは世話になってた近所のおじさんが言った、何気ない一言。

「進は目立ちたがり屋だから、表に出るような仕事、芸能界とか向いてるんじゃゃない？」

っていう……。目立ちたがり屋だったか？　う〜ん、まぁそうだったんだろうな。

俺、高校3年生の夏、ヤンチャな同級生とバンドを結成したんだ。新小岩《しんこいわ》のライブハウスで何バンドか出てライブもやった。みんなパンチパーマで、なぜかタオルをね

じり鉢巻きにして。衣装は、裸に革ジャン、ズボンはバギー。歌はオリジナルをやる才能もなかったから、みんな当時よく聴いてた、クールスと矢沢永吉《やざわえいきち》さんの歌をカバーして。

俺？　ボーカル担当だよ。「キャロル」って歌があるんだけど、その歌だけはギター弾いて一人で歌わせてもらった。青春だなァ〜！

小さいころは無口だったけど、いつのまにか周りにいた職人さんや、いろんなお兄さん方、お姉さん方にかわいがってもらって、下町だからお祭り好きなヤクザも多かったしさ、いろんな人の背中を見て育つうちに、俺の中にも下町の気質みたいなものが出来上がっていったんだろうね。

下町の人ってみんな、やるときはやる、みたいな潔さがあるんだよ。

うちの親父の民謡じゃないけど、俺も遠足に行ったときとか、バスの中でモノマネやったりして人を笑かすのが好きでさァ。

中学のときはピンク・レディーがすごく流行ってて、遠足とか、クラスの行事とか、何かチャンスがあったら、相方だった小西くんと出し物を考えて練習してたんだよね。

夜、ご飯を食べたあとなんかに、学級委員長みたいな子が、

「じゃあ小西くんと寺島くんが今から出し物やります」なんて言って始まるわけ。

俺はミーちゃんが好きだったからミーちゃん。小西くんがケイちゃんをやって「ペッパー警部」から「S・O・S」、「カルメン'77」まで、歌と踊りを交えて3曲メドレーで披露したら、ものすごいウケた。

「ヒューヒュー！」

「寺島〜！　小西〜！　いいぞー!!」なんて歓声が嬉しくて快感でね。出る前はけっこう緊張してるんだけど、でも本番になると、腹をくくってやっちゃう。

そういうことってけっこうあって、近所のおじさんは俺が身内の宴会とかで披露してたしょうもない芸を見てそんなアドバイスをくれたんだろうけど、確かに人前に出て楽しませることが好きだなぁって……。

それで高校を卒業したあと、成城《せいじょう》にある三船芸術学院っていう三船プロの俳優養成所に進むことにしたんだ。

無遅刻無欠席の理由は授業料

養成所時代はとにかく必死だった。

発声練習とか滑舌をよくする練習から始まって、「新劇」とか「殺陣」とかいろんなカリキュラムがあって、それぞれの道のプロの講師が来て教えてくれる。

好きな授業も、興味がない授業もあったけど、とにかくもったいないから全部の授業に出てたよ。ほぼ無欠席だったんじゃないかな。

その一番の理由は……自分で授業料払ってたから。

「好きな道に進みな」と言われて選んだ道だったけど、俳優の養成所に行くのはまさかの選択だったみたいで、親には反対されたんだよ。まァそうだよな、養成所に行ったからって本当に俳優として食っていけるようになるなんて稀《まれ》だろうし、それどころか卒業できるかどうかも分からない。

俺、高校生のころ中途半端な時期があったから、なんだか遊びの延長みたいな学校に行って、またハンパな結果になるんじゃないかって、信用もなかったんだと思う。

でも、そんな反対を押し切って選んだ道だったから、せめて学費は全部自分で稼いで払おうと決めたの。で、自分で払ってるからには、この2年間は真面目に頑張ろうって思いもあった。

学費ってすげえ高いのよ！

授業は月水金と週に3日だったんだけど、だからそれ以外はひたすらバイトの日々だったね。昼間は土木作業員やって、夜は歌舞伎町《かぶきちょう》で水商売やって。

最初はクラブで黒服をやってたんだけど、そこのママさんが、まァ〜エラそうに上から指図する人でさ。時給はよかったんだけど、どうしても癪《しゃく》にさわって……俺ダメなんだよね、ご機嫌取ってうまいことやれないの。カチンとくる相手に媚《こ》びることができない。だから続かなかった。

その次に行ったのが、今も歌舞伎町のど真ん中にあるレンガ造りの王城ビル。当時はその地下に大箱のレディースコンパの店があったの。

レディースコンパって……分かんないか。ドレスを着た女の子がカウンター越しにお客さんと話したりお酒作ったりする、今で言ったらガールズバーみたいなお店。

そこは店長が男だったからよかったんだ。女の人の下で働くのは、本能的にダメだった気がする。で、やっぱり黒服の募集だったんだけど、俺、面接のときから妙に気に入られちゃってさ。うちにピッタリのあんちゃんが久しぶりに来たなぁ〜って感じで。俺の面構えを見てこいつは骨がありそうだと思ったんじゃない？　水商売の人たちは人を見る目があるっていうじゃない。

「前のクラブより時給は安いし、けっこうハードな仕事だよ」って言われたけど、俺もなんか信用できそうな人だと思ったから、腹をくって「分かりました」ってうなずいて。

この店長さんはいろいろと便宜を図ってくれたし、本当にお世話になったなァ。もともと交通費は出ないシステムだったんだけど「歌舞伎町までは深川の実家から都営新宿線かバイクで通うから、交通費が出ないのはキツイです」って言ったら、俺が終電で上がるときも朝5時のラストまでいたように店長がタイムカードを押してくれて「それを交通費代わりに使え」って。

授業がない日は夕方の5時から朝の5時まで入ることもあった。この店は長く働いたね。

やっと見つけた「好きな道」

当時は19歳とか20歳でしょ？　自分で言うのもなんだけど、俺、けっこうモテたのよ。

言い寄ってくる女もいた。でも誰が来ても「俺、遊びに来てるわけじゃねーから」って突っぱねた。高校時代から付き合ってた彼女がいたんだけど、別れたし。俺の自分勝手で相手の気持ちも考えないで、今じゃ申し訳ないことしたなァって反省してるんだけど……。

かっこつけてるわけじゃなくて、ホントに女にうつつを抜かしてるような状況じゃなかったんだよね。

やっぱりこの道に進んだからには、何かをものにしたかった。

一つのことしかできない不器用な人間だったのもあるけど、そんな強い思いを胸に、バイトに授業に頑張るうちに、ハンパだった俺は消えていって、どんどんストイックになっていった気がする。


少しずつこの先やりたいことも具体的になってきた。

俳優の仕事って大きく分けると「舞台」か「映像」かに分かれるじゃない？　まだ右も左も分からない段階ではあったけど、なんとなく「俺は映像向きだな」って思ったんだよね。それも、アクションや殺陣。もともと体を動かすことが大好きだから、殺陣の授業は教われば教わるほど面白くてさ。

殺陣っていうのは……映画やドラマ、時代劇とかで戦うシーンがあるでしょ。いわゆるアクションシーンだ。そういうシーンを作る仕事人を殺陣師っていうんだけど、殺陣シーンを作るだけじゃなくて、スターさんに斬られて倒れたり、役者さんの吹き替えで馬から落ちたり、屋根の上から飛び降りたりするようなことも、体を張ってやる仕事なんだよ。

体を使うことが大好きだった俺は、空手や、木刀を持って立ち廻りの稽古をしたりしてると、楽しくて仕方なかった。

授業の実演で殺陣師が見せてくれた空手アクションとか立ち廻りを見て、『すげェかっこいい！　これだ！』って心酔しちゃったの。

それと、殺陣師は演者でもあるけど、裏方でもあるってところも面白いじゃない。どんどん惹かれて、俺もこんな仕事がやりてェと思うようになった。

その勢いのまま講師だった宇仁貫三《うにかんぞう》先生に弟子入り志願したら、意外とあっさり受け入れてくれてさ。

卒業後は宇仁先生が率いるK&Uっていう剣友会に入れてもらうことになったんだ。

やっと本格的な「好きな道」が拓けたって実感があったよ。

養成所を卒業する前に、卒業公演っていうのがあってさ。

舞台でいろんな殺陣や立ち廻りを披露するんだけど、トリの大立ち廻り、まあ、いわゆる立ち廻りの主役だよね。それを俺がやらせてもらえることになったの。

親父にそのことを言ったら、近所の人たちをたくさん連れて見に来てくれたんだ。二刀流でバッサバッサと何十人斬りしていく俺を見て、親父はかなり嬉しかったみたい。俺には直接何も言わなかったけど、あとで近所の人たちに聞いたら、ずいぶんとご機嫌で。見終わったあと新宿の台湾料理屋にみんなを連れて行って、紹興酒もたくさん飲んで、ご馳走を振る舞って……そのときの写真、今でも残ってる。親父、ホッとしたんだろうね。すごくいい顔で笑ってるよ。

どうせ養成所なんて途中でやめるだろうって思われてた俺が、なんとか自分の道を見つけることができて……まだ小さな一歩だけど、剣友会に行けば何かが始まるに違いない。そんな期待で胸がいっぱいの20歳の春だった。

第二章

大事なことは全部現場で教わった

師匠、宇仁貫三先生に憧れて

剣友会に入ってからはとにかく稽古。稽古、稽古、稽古の毎日だったね。

殺陣も職人みたいなもんだから、技術が命なのよ。

少なくともスターさんにケガでもさせたら大変だから、現場に出られるまではひたすら稽古すんの。

昔、成城にあった三船プロは、まァ〜巨大でさ。三船プロが持ってるスタジオがいくつかあって、時代劇のオープンセットもあった。

俺らはだいたいそこで毎日殺陣の稽古をやってた。朝9時からお昼の12時までの3時間が基本なんだけど、もうこの3時間の稽古が大変！　しんどくて、しんどくて、稽古が終わるころには体中痛いし、へっとへとになってたよ。

この業界に入って、俺の初めての師匠である宇仁貫三さんは、もともと『用心棒』とか『赤ひげ』とか『椿三十郎』とか、黒澤《くろさわ》明《あきら》監督のもとで斬られ役から始めた人。

それから黒澤映画の殺陣師として知られる久世竜《くぜりゅう》さんのお弟子さんになって、殺陣師として独立するんだけど、三船敏郎《みふねとしろう》さんのスタントとしても長く務めたから三船さんの信頼も厚くて、それで三船プロダクションにいたんだね。そういう流れで俺が入った三船芸術学院で講師をしてたわけ。

時代劇の王道みたいな『鬼平犯科帳』や『剣客商売』から、『太陽にほえろ！』まで、手掛けた作品は数万本。この業界で知らない人はいない殺陣師。そんな宇仁先生が率いる殺陣のチーム、いわゆる剣友会の名前が「K&U」だった。

宇仁先生の殺陣は、素早くてかっこいいんだよなァ〜。

宇仁先生本人は昔気質《かたぎ》の人だったけど、殺陣は新しかった。刀をカチン、カチンと合わす昔ながらの殺陣じゃなくて、一発でバスッ！　と決まる感じ。なんつうかこう……一太刀で勝負が決まる、みたいな。そういう独特の殺陣だった。

俺たちは宇仁先生が作る立ち廻りどおりに動いて殺陣のシーンを完成させたり、監督の希望どおりの画が撮れるようにスターさんの代わりに危険なスタントを務めたりするのが主な仕事だけど、なんにしてもまずは稽古だ。

木刀で素振りをやるところから始まって、時代劇の基本、トンボをきる練習をやって。トンボきるって分かる？　よく時代劇とかで斬られ役がクルッと前に回って倒れるシーンあるじゃない。あれのこと。できないと話にならない必須項目だね。あとは喧嘩のアクションもできなきゃいけないから空手の練習とか、素振りの練習をひたすらやってた。

スターさんの代わりに高いところから落ちたりする、危険なスタントの練習もしなきゃいけねぇから、厚みのあるマットを敷いて時代劇セットの屋根の上から落ちる練習もした。ただ落ちればいいってわけじゃなくて、頭からクルッと回って背落ちするパターンと、リバースっていって最初から後ろ向きに落ちる両方のパターンを、現場で急に言われても対応できるように繰り返し練習してたよ。

そりゃ危険だし、すげえ怖いんだけど……もう、気合いでやってた。気合いしかないもん。

中学時代は野球部だったし、高校時代はハンドボール部で、身が軽くて体育の成績だけはずっとよかったの。体を使うことしかできなかったからこそ殺陣師に憧れてこっちの道に入ってきたけど、今までやったことのない動きばっかりでしょ？　怖いんだけど、怖さをなくすためにも稽古するしかないわけ。稽古して自信をつけるしかなかった。

あとは実践的な立ち廻りの稽古もやってたなァ。

先輩がどういう流れでアクションをやるか決めて、誰かが……っていっても先輩だけど、芯の役（スター役）をやる。で、うちら下っ端は斬られ役をやって。

いかにスターさんにケガさせないように、かつ、こっちも安全にうまく斬られたり殴られたり屋根から落ちたりできるか、一生懸命、体に覚えさせてやってたね。

そのころのスターさん？　まぁ呼ばれた現場で主役を張ってる人は俺らにとってみんなスターさんだけど、時代劇では松方弘樹《まつかたひろき》さんかなァ。

三船芸術学院時代の話に戻るけど、当時、三船プロで『大江戸捜査網』を撮影してたの。入学して初めて学食で昼飯を食べてたら、目の前にスタッフとニコニコ談笑しながら食事をしてるチョンマゲ姿の人がいて……その方が松方弘樹さんだった。生まれて初めて見るプロの役者さん。まさにスターさんって感じで光り輝いてたよ。

事務所に日参、チンピラ需要にハマる

剣友会としての俺の最初の仕事は『太陽にほえろ！』だったと思う。

ドヤ街にいる「その他大勢」みたいな役。でも、なんせ本物の撮影現場を見るのが初めてだから、スタッフの活気とか、熱気とか、独特の緊張感にすごく興奮したのを覚えてる。

そのころは暇さえあれば事務所に行ってた。お茶汲みやったり、掃除したり、灰皿替えたり、先輩と話したりしながら過ごしてさ。

ドラマの仕事って、だいたい撮影の前日に連絡が来るのよ。師匠が担当してるドラマの制作スタッフから電話がかかってくるんだけど、その電話を受ける事務所当番っていうのがいてさ。当時、20人くらいの先輩方が所属していて、毎日、日直みたいに交代で当番を任されてた。

たとえば『太陽にほえろ！』なら、国際放映さんからK&Uに「明日『太陽にほえろ！』でチンピラ5人お願いします」とか連絡が来る。そうすると事務所当番が白板に「チンピラ5人」って書いて、その下に誰が行くか名前を書いていくわけ。誰が入るかは役によっていろいろあるけど、まぁそこは人情もあるんじゃない？　そのへんでうろちょろしてるやつがいたら、目につくじゃない。

「あ、寺島がいる、入れとくか」

「ありがとうございます！」みたいな。

そんなことがよくあったね。実はそれ、俺の作戦だった。だからできるだけ事務所にいたの。

俺、全然要領いいタイプじゃないんだけど、そういう『誰でもいいなら、じゃあ、毎日顔見るコイツ入れてやるか』みたいな人の気持ち、分かるからさ。

あと、どうも俺チンピラ役としては最初から需要があったんだよ。チンピラやるのって技術うんぬんじゃないんだよな。やっぱり顔とか醸し出す雰囲気が大事で、それって持って生まれたものも大きいじゃない。俺の場合はそっち系を持って生まれちゃったみたい。

だから、そういう役が来たら「雰囲気が合うから、寺島がいいんじゃないか？」って入れてもらうことも多かった。まぁ、そういう意味ではあんまり今と変わんないってところはあるね。やっぱり、生き様って出るんだろうな。

殺陣師とか剣友会って横のつながりもあるから、他の事務所から声をかけてもらうことも少なくなかった。

宇仁先生と同じように昔からやってる殺陣師で、グループ十二騎会っていうアクシヨンチームを主宰する高倉英二《たかくらえいじ》さんって人がいて。『西部警察』や『大都会』、『大江戸捜査網』とかいろんな作品をやってる人なんだけど「寺島、雰囲気いいから」って、よく十二騎会からもチンピラや不良のお仕事をいただいたね。『太陽にほえろ！』は何度も行ったし、その時代だと『ザ・ハングマン』もやってたなぁ。

俺なんかタッパがないから、よく女性の吹き替えもやったりしてたね。映画『帝都物語』で原田美枝子《はらだみえこ》さんが槍持って白馬に乗って走るシーン、あれ俺だもん。乗馬の吹き替えも俺らがよくやるスタントだけど、二人乗りってけっこう難しいのよ。

一直線に走るだけだと思ってもすげえスピードだから、二人乗りの後ろに乗る人は馬の腰のちょっと後ろ、いいポイントに腰掛けないと、馬が跳ねたときに落とされちゃうの。先輩と二人で何度も乗馬クラブに練習に行ったけど、俺、何度も落とされた。

でも本番は一発ＯＫだったよ。

気合いでやった。気合いだけは負けなかった。

カネはなくとも
なんとかなるさ

斬られ役っていうとピラニア軍団、東映剣会《つるぎかい》が有名だけど、いわゆる大部屋俳優と俺たちの剣友会は違うんだ。大部屋俳優さんたちは東映とか松竹、大映の撮影所に所属してる。だから月給制らしいんだよね。でも俺らはK&U所属なんだけど、給料制じゃなくて歩合制だった。それぞれが個人商店みたいなイメージ。だから、少しでも多くの現場に入らないとやっていけない。

ギャラは一現場につき、1日いくら。で、何をやるかによって「手当」がつく。たとえば寒い2月に海に飛び込んだりするシーンがあると、海にはまったら出る「はまり手当」と「危険手当」、それに「寒さ手当」が出る。プラス5000円くらいの差なんだけど、そのころの俺にとって5000円の違いはおっきいからね。

若いし、カネないし、体力もあり余ってるから、現場から帰ってきたばっかりでも、別の現場で欠員が出たって聞いたらすぐに飛んで行ったりしてたよ。

もちろん、それだけじゃ食っていけないから、バイトもしてたよ。

実家の畳屋のバイトもよくやってたなァ。畳屋の繁忙期になると親父からアパートに電話がかかってきて「進、手伝ってくれよ」って泣きが入るのよ。俺がよくやってたのは、畳のヘリを縫うバイト。巨大なミシンみたいな機械があってさ、畳のヘリを留めるために、ガッチャンガッチャンいわせながら縫うんだけど、畳1枚500円。1日5000円にはなるから、けっこう、いいバイトになったね。

1週間くらい実家に住み込みでやって……常に飢えてる時代だから、仕事の合間の飯がうまかったなァ。外に出てみて分かる実家のありがたみ。ああ、実家の飯ってこんなにうめえんだなって思ったよ。

あと、変わり種では、たまに百貨店でやる「江戸職人芸展」みたいな催事の売り子もやった。江戸切子とかてぬぐいとか、べっ甲工芸とか、いろんな江戸伝統工芸の職人さんが来て、匠の技を披露しながら販売するような催しなんだけど、俺は神田明神の酒饅頭《さかまんじゅう》を蒸して売ったり、駄菓子とかブリキのおもちゃコーナーにいて、子供が来たらベイゴマの回し方を教えたりしてたよ。

その当時知り合った、江戸文字やタコの絵を描く伊藤英一さんにはよく飲みに連れて行ってもらったね。俺が「ヒデさん」と呼び始めたら喜んでねェ。『前略おふくろ様』ってドラマで「ヒデさん」って役があるでしょ？　萩原健一《はぎわらけんいち》さん演じる主人公の、先輩板前で梅宮辰夫《うめみやたつお》さんが演じてた役。その役柄とリンクして受け取ってくれたらしい。
今、俺が使ってる千社札はヒデさんの作品。ヒデさんは数年前に他界しちゃったから、この「寺島進」って文字は形見みたいなもんだよね。でもこの千社札がある限り、ヒデさんは生き続けてる！

ヒデさんとの出会いで、浅草の染め絵てぬぐい「ふじ屋」の旦那さん、川上千尋さんともご縁をいただいた。川上さんは浅草に行って顔を出すと必ず喫茶店に連れて行ってくれて、「山本一力の本はいいぞ」とか教えてくれたり、俺が出た映画やテレビの感想とか、多角的にアドバイスしてくださる恩人の一人。別れ際はいつも粋にポチ袋を渡してくれてね。断っても「役者なんだから取っとけ！」って優しい笑顔でさ。今でも家族ぐるみでお世話になっている方なんだ。

カネはなかったけど、先輩たちもしょっちゅうごちそうしてくれた。だいたいそのとき小金持ってる先輩がおごってくれるんだ。

俺、そのころ狛江《こまえ》に住んでたんだけど、先輩たちも多かったのよ。

午前中は時代劇オープンで殺陣の稽古がある。終わったら汗びっしょりなんだよ。だから、仕事がない日は近所の先輩たちと昼間っからプール行ったり、遊び疲れたら夕方から飲みに行ったりして遊ぶこともあったね。

今、殺陣師として北野組も手掛ける二家本辰己《にかもとたつみ》さんは直系の先輩で、10歳くらい年上だけどかわいがってもらってよく遊んでたなァ。

後輩でも誘われないやつもいたけど、俺はけっこう誘われるタイプだった。まぁ、学生時代から体育会系だし、江戸っ子気質もよかったんじゃないの？　若者はさ、まず元気であることって大事！　やっぱ若いのに覇気がねぇやつは誘いたくないもんね。

俺、今になって当時の先輩たちの気持ちがよく分かるよ。俺はとにかく元気な若者だったからかわいがられたし、誘いやすい感じがあったんだと思う。

20代前半で元気いっぱいのころ。仕事でも遊びでも女っけはなかったけど、男ばっかり、湯気が立つような熱気みたいなもんがムンムンにあった。

大事なことは全部現場で教わった

斬られ役をやりながら、師匠の宇仁貫三さんが映画の現場に入る日は、運転手兼付き人もやって、いろんな現場に行かせてもらったね。

現場で師匠の動きを見ながら、本当にたくさんのことを学ばせてもらったと思う。勉強になったなぁと思うのは「とにかく現場をよく見ろ」ってことと「何事もタイミングと気遣いが大事」ってこと。

たとえば自分が「のど渇いたな〜」って思ったときは、師匠ものどが渇いてる。そういうときに「どうぞ」ってちゃんとお茶を持っていけるかどうか。

要は、どれだけ人の心を感じられるかって話。

そのへんのタイミングをつかめる勘があるかどうか。それは剣友会だけの話じゃなくて、この世界でやっていくためには大事な部分なんだなってことに、なんとなく気づいた。

言葉で教えてもらうものじゃなくて、自分で感じて学ぶもんなんだね。

だから、最初に付き人っていう仕事をさせてもらうのは、すごく意味のあることだったと思う。

高倉健《たかくらけん》さん主演の映画『夜叉』の現場にも行った。

当然、チンピラ役とかヤクザ役でK&Uの先輩たちも出てたよ。やっぱり、高倉健さんと絡めるって、みんなすごく嬉しいわけよ。俺もそっちをやりたかったけど……なんか健さんとご縁がなかったんだよな。ただ、いい思い出があってさ。

『夜叉』の現場に行くちょっと前の夜、石崎さんって先輩が酔っぱらって狛江のアパートまで来たの。「話がある」っていうから「どうしたんですか?」って聞いたら「お前に謝りてぇことがある」って。

「俺、今日、事務所当番だったんだけどさ。『夜叉』で健さんに斬られるヤクザが5人必要ってオファーの電話が来て」って話で……。

その先輩は俺を入れてくれたんだけど、どうも東宝側から高倉健さんは180センチぐらいあるから、ヤクザ役もタッパが170センチ以上ないとダメだ、みたいなことを言われたらしい。

「それでも、寺島は雰囲気があるから俺は健さんと絡ませてやりたかったんだけど、実現できなくてごめんな」って謝ってくれてさ。

まだケータイなんてない時代。わざわざ俺のアパートまで来てくれて、サシ飲みしながらそんな話をしてくれたこと、その気持ちだけで十分だよな。優しいなァ、ありがたいなァと思ったよ。

『夜叉』では、宇仁先生についてる俺を見て、声をかけてきてくれた役者さんもいた。それは小林稔侍《こばやしねんじ》さん。たぶん、小林さんも高倉健さんについてたころだと思う。まだ下っ端の、誰も名前なんて知らない俺に、「お前さん」って声をかけてくれてさ。「キミを見てると昔を思い出すなぁ。なんだか懐かしい髪型してるね」って。当時の俺は坊主に近い短髪で、前髪だけコテでキュッと上げた感じ。なぜか気に入ってその髪型にしてたんだけど、そりゃあ、嬉しかったよ。直立不動で「ありがとうございます！」って言って。周りにいた先輩たちからはずいぶん羨ましがられた。

なんか俺、そうやって声かけてもらうことが多いんだよね。なんだろう……まぁ、みなさん、先見の明があるんでしょうね！

この現場ではもう一つ忘れられないことがある。

俺、このとき初めて俳優としてのビートたけしさんを見たんだよ。たけしさんはシャブ中のヒモの役だったんだけど、その演技がさ……俺らがテレビで見て知ってるお笑い芸人「ビートたけし」とはまったく違ってすごかった。ギラギラして狂気じみてるというか、包丁を持って田中裕子《たなかゆうこ》さんを追い回すシーンはもう迫真の演技。俺、もしかしてほんまもんのシャブ中なのかな？　と疑ったくらいだもん。

全然、高倉健さんに負けてねえなって感じだった。

寒い地方が舞台でね。だから路面が凍ってて、たけしさんが転んだりするシーンがある。俺、あとで映画館に見に行ったんだけど、それを見て笑うお客さんもいた。でも、俺は笑わなかったね。そういうリアルな芝居なんだなと思ったから。ホントにあの役になりきっちゃってるっていう感じがしたよね。

役者としてすげえ迫力と、引き出しの多さを感じた。

でもまさかその人の背中を追いかけるときが来るなんて……このときの俺に言ったっても、信じないだろうな。

エンドロールに名前が出た日

俺たちは、基本的にセリフがない役ばっかりだけど、そのうち、たま～にセリフがあって、名前がある役をもらうようにもなった。そのときはエンドロールに「寺島進」って名前が出るわけ。それを見る瞬間は嬉しくてしょうがなかったね。

そもそも、剣友会の人間はいちいち名前なんて載らないわけよ。

アクションシーンの吹き替えをやったり、スターさんに殴られたりしても、エンドロールはいつも「殺陣師・宇仁貫三」と「K&U」のみ。俺らは「K&U」の中に含まれてるから。

最初に名前が出たのは、確か『私鉄沿線97分署』ってドラマだった。剣友会に入って2年目くらいかな？　暴走族のリーダーで、事件を起こして死んじゃう役だったんだけど、そりゃあもう気合い、入れてやったよ。

そのあと『太陽にほえろ！』でも一言だけもらったし、『銭形平次』でも。『銭形平次』は新聞のテレビ欄の下の方に、運よく俺の役名と「(寺島進)」って載ったの。それを発見したときは喜んだよね〜。

ちっちゃい役でももらえると、なんかこう……ウキウキ、ソワソワしてさ。

この役のチンピラはどういう性格なんだろうとか、どんな悪どいことしてきた野郎なんだろうとか、逆にかっこよく見せるにはどう動けばいいんだろうとか、自分でいろいろ考えるようになって。それがまた楽しくてさ。

まぁ、セリフっていったって「おいコラ！」とか「てめえコノヤロー！」とか、そんなもんなんだけど。

役がもらえるかどうかの分かれ目

セリフをもらえるかどうかは誰が決めるか？　それは現場の殺陣師の人たちが決める。

チンピラみたいだからっていう見た目だけじゃなくて、まぁこいつならセリフもいけるだろうっていう、判断があるわけよ。

そう思ってもらえるのも、結局は普段の積み重ねなんだよな。日本一有名な斬られ役、福本清三《ふくもとせいぞう》さんの本（『どこかで誰かが見ていてくれる　日本一の斬られ役・福本清三』聞き書き・小田豊二／集英社文庫）じゃないけどさ、絶対に誰かが見てんのよ、現場で。

仕事に取り組む姿勢とか真剣さとか、毎日やってる稽古の立ち廻りでもさ。いいところも悪いところも、見てないふりして見てんだ。

その結果、まぁ寺島ならちょっとはできるんじゃないかって思ってもらえたんだと思う。人間、何事もこつこつ取り組まないとダメってことだよ。

ただ、役をもらえて嬉しかったって言うと、じゃあ寺島はアクションをやりつつ、最初から役者を目指してたの？　って思うかもしれないけど、決してそういうことではないのよ。

やっぱり俺は殺陣の世界に触れて、宇仁先生の下の先輩方のアクションが「かっこいい～」と思った気持ちがこの世界に飛び込む一番の理由だった。その延長線上で殴られ役もやるし、危険な吹き替えもやるし、セリフのある役もやるし、って感じ。

だから、エンドロールに自分の名前が出ることも、あくまでその副産物だった。自分の名前がテレビに出るって、分かりやすい「結果」でしょ。だから嬉しかったけど、俳優として一歩進んだって感覚はなかった。

殺陣師チームの若手として、スタッフ側と表現者側の狭間にいる感じだったのかな。それを面白いと思ってたから。

運命を変えた松田優作さんとの出会い

でも……やっぱり出会いなんだろうねえ。

剣友会に入って数年、映像の仕事ばっかりやってたんだけど、先輩の二家本さんが舞台の殺陣を手掛けることになって、俺もその舞台に出ることになったの。殺陣の世界にはベテラン殺陣師がたくさんいるから、若手はなかなか映像の仕事を手掛けることはできない。でも舞台の殺陣はやることができたから、当時の二家本さんは舞台の殺陣を中心にやってた。

それが「四月館」っていう劇団の舞台で。その劇団の主宰者が『探偵物語』の初代イレズミ者役の野瀬哲男《のせてつお》さんという人で、松田優作《まつだゆうさく》さんと仲のいい、〝優作さんグループ〟の人だった。

そんな関係性があって、あるとき稽古場に優作さんが見学に来たの。優作さんが見てるとなると、まぁ～みんな緊張しちゃって、いつもとは全然違う緊迫感が漂い始めて……ああいう雰囲気って不思議と伝染してくるんだよな。

俺は口がきけない忍者の役だったんだけど……剣友会の人間はセリフが苦手だっていうレッテルを貼られてたからね。だからセリフはないんだけど、まぁ俺もいつもより少しは緊張してはいたけど、いつものようにやって。で、稽古が終わって控え室で着替えてたら、そこに突然優作さんがやってきて、俺に「いいなぁ」って声かけてくれたの！

「これ以上テンション上げるとクサくなるし、これ以上テンション下げると成立しないから、今日のテンションで本番までもっていけよ」って、アドバイスまでしてくれて、ビックリしたよ！　優作さんに話しかけられたことも驚いたけど、今まで自分の芝居を褒められたことなんてなかったからさぁ。驚きながらもめちゃくちゃ嬉しかった。

さらに優作さんとのご縁は続いた。

ちょうどそのころ、二家本さんが同時進行させていたのが、映画『ア・ホーマンス』だったんだ。優作さんの監督デビュー作であると同時に、二家本さんもこの映画で映像の殺陣師デビューとなった。

そんな流れで二家本さんが打ち合わせをしているときに、優作さんがこんなことを言ってくれたらしいんだよ。

「こないだの舞台に出た人間、何人か連れてこい。あの、口きけない忍者やってたあいつも」って。

それで俺たちは『ア・ホーマンス』でヤクザA、B、Cみたいな役をもらったんだ。工藤栄一《くどうえいいち》監督が組長役で、その周りをヤクザ役の役者たちが囲んで一斉に歩くシーンがあって。俺らも工藤監督の近くを歩かせてもらったんだけど、「カット！」の声がかかったあと、優作さんが俺のところにパーッと走ってきて「いいなぁ、いいなぁ」ってまた褒めてくれたんだよ！

正直言ってどこがそんなに褒めてもらえるのか、自分ではさっぱり分かんなかった。でも『ア・ホーマンス』を境にいろいろと思いが変わっていったんだ。

まずは、初めて舞台をやったことによって劇団の俳優さんに刺激された。今まで、怖い顔して脅したり斬られたりする「斬られ役の芝居」のパターンしか知らなかったけど、それとは違う表現があることを知って、なにか自分の中で新しい世界が広がるような感じがした。初めて演技や表現ってことを意識し始めるようになったんだろうね。

で、そんなときに松田優作さんという人が現れて、なぜかすげえ褒めてくれて……優作さんには宇仁師匠とは違う観点から現場の一体感や緊張感、また現場がすごく神聖な場所だっていうことを教えてもらったと思う。

気がつくと、俺はだんだんと「役者になりたい」と思うようになっていった。

役者としての本当のスタート地点

演技というものを意識して最初に出たのは和泉聖治《いずみせいじ》監督の『親分の後妻は聖女《マドンナ》』という2時間ドラマだったと思う。

暴対法でヤクザものが厳しくなった今じゃあり得ないような2時間ドラマだけど、親分は田中邦衛《たなかくにえ》さんで後妻が黒木瞳《くろきひとみ》さんで、俺はそこの住み込みの若い衆で。峰岸徹《みねぎしとおる》さんや安岡力也《やすおかりきや》さんも出てたなぁ。けっこうなコメディタッチのドラマだった。

まぁ、俺はクサい芝居してたけどね。今思うと恥ずかしいくらい、いかにも「悪役」な芝居。そのときはそれが精いっぱいだった。

未熟だからドラマ全体のことなんて考えられなくて、とにかく爪痕を残そう、主役を食ってやろうって必死だった。当時は川谷拓三《かわたにたくぞう》さんとかピラニア軍団の人たちが目標でもあったから。そういう役に出会ったらぶつかってやろう、チャレンジしてやろうっていう思いが強かったんだね。

でも誰かのマネをしてもしょうがない。俺にしかできないことって何だろうって試行錯誤を始めた時期でもあった。

東京には殺陣のグループがたくさんあって、横のつながりも太い。宇仁先生率いる「K&U」。高倉英二さん率いる「グループ十二騎会」。久世浩《くぜひろし》さん率いる「久世七曜会」。國井正廣《くにいまさひろ》さん率いる「悪童児」……。その國井さんのグループから声がかかったのが長渕剛《ながぶちつよし》さん主演のドラマ『とんぼ』だった。

俺はゆ〜とぴあのピースさんが演じるヤクザの舎弟で「チンピラ5」くらいの役で行ったんだけど、なんとか食らいついてやってたら、現場で急に出番が増えたの。それが通称「ピアスの男」って役になった。

長渕さん演じる英二に「あんたの大事な妹のことを知ってるぜ、いい女になったよな、イヒヒヒヒ」みたいなイヤな脅し方で絡んでいく役でさ。そしたら返り討ちにあって、ピアスの男は英二に耳を削《そ》がれちゃう展開になるんだけど。

撮影が終わった後、TBSの緑山スタジオでシャワー浴びながら、先輩たちに「寺島、よかったぞ」「面白い芝居だったな」とかいろいろ言ってもらって嬉しかったね。『とんぼ』はすごく人気のドラマだったし、当時はよく街で「あ、耳斬られた男だ」なんて言われてたよ。なんかそんな反響も嬉しかった。


ヤクザだけじゃなくて、当時、よくやったのがアイドルが主役のドラマ。

まだ俺も若くて学生服でもおかしくないから、学ランとか着てさ。

アイドルさんたちに絡みに行く不良の役もよくやってたよ。『な・ま・い・き盛り』の中山美穂《なかやまみほ》さんと中村繁之《なかむらしげゆき》さんにも絡みに行ったし、『オヨビでない奴!』とか『おヒマなら来てよネ!』とか……ジャニーズとの絡みも意外に多くて、忘れられないのは男闘呼組《おとこぐみ》の映画『ロックよ、静かに流れよ』。

まぁ、ちょっとそれは演技だなんだとは違う理由なんだけど……。

男闘呼組のメンバー扮する高校生4人組が、不良のレッテルを貼られながらロックバンドを組んで初コンサートを目指す話で、俺はそんな彼らに絡む不良役だった。

長野ロケの撮影が終わって事務所に帰ってきたら、なんかみんなの様子がおかしくてさ。その日、事務所当番だった大貫さんって殺陣師の人が俺の顔を見るなり、慌てて言ったんだ。

「おい、早く実家に電話しろ!!」って。

さっき俺の実家から、親父が亡くなったって訃報が届いたって……。

俺は急いで実家に帰った。

早くに亡くした親父の背中

親に反対された仕事だったけど、右も左も分からなかったのが、ほんとにちょっとずつ、ちょっとずつだけど、前に進み始めたころだった。

俺、けっこう、親父っ子だったんだよな。

親が亡くなるとね、いろんな人から思い出話を聞いたりして「ああ、そういえばあのときあんなこと言ってたな、こんなこと言ってたな」って気づくことがある。

母親は勉強、勉強ってうるさかったって言ってたけど、親父はまったくそんなこと言わなかったの。「勉強はできないけど、進は得意なことがあるんだから」って言って、認めてくれる感じがあって……。

でもお袋が勉強にうるさかったのもちゃんと理由があったんだよ。

うちは親父もお袋も中卒だったんだよね。親父が16歳くらいのころ、同級生が高校に行ってる間もリアカー引っ張って畳屋をやってたから、倅が生まれたら高校にだけは行かせてやろうってずっと思ってたらしい。だからお袋は親父の思いも背負って「勉強、勉強」って言ってたんだと思うんだよ。親父はそのことも分かってて、でも何も言わないで「好きな道に進みな」って言ってくれてた……。

もっとたくさん話をしておけばよかったって思った。

いろんな後悔が押し寄せてきたけど、親父からもらった「好きな道に進みな」って言葉が前よりももっともっとずしんと胸に響いてきたの。

そしてその言葉は、自分の中で勝手に〝背負うもの〟にもなった。それは後ろ向きな意味じゃなくて、後悔のないように生きよう、もっと頑張ろう!! って思い。

でも好きな仕事ってなんだろう……改めてそのことに向き合ったとき、やっぱり殺陣師じゃなくて、役者だなと思ったの。

そんなとき『親分の後妻は聖女』の助監督だった吉川威史《よしかわたけふみ》さんから電話をもらったんだ。

「寺島くん、オーディションがあるよ」って。

それはお笑い芸人のビートたけしさんが初めて監督をする『その男、凶暴につき』という作品のオーディションだった。吉川さんはのちに北野組のキャスティングプロデューサーになっている人。俺の運命の歯車は、そのとき大きく回り始めたんだ——。

第三章

その男、追っかけにつき

たけしさん、再び

『その男、凶暴につき』のオーディション会場に着いたときは、これは受からねえなって思った。

そうそうたるメンバーが集まってたからね。有名な役者さんがいっぱいいるなか、無名で斬られ役の俺なんかダメだろうと思ってた。

部屋に入ったらでっけえテーブルがあって、一人ポツンと座らされて。

向かいにスタッフがバーッと並んでて。で、その隅っこに北野武監督がポツンといて。あ、いる……と思ったけど、北野監督は居心地悪そうな感じでずっとうつむいてた。

たけしさんと会ったのは、宇仁先生の運転手として現場に行った『夜叉』のときだけじゃないんだ。実は何度か同じ現場にいたことがあって。

もしかしたら一番最初は、ＴＢＳでやってた『風雲！たけし城』だったかもしれない。視聴者参加型の番組で、フィールドアスレチックみたいなアトラクションをクリアしていくんだけど、難しいから剣友会にも声がかかって、俺、何回かサクラで出たことがあるんだよ。「23歳、鳶職!」とかなんとか適当なこと言って一般の人のふりしてさ。ターザン渡りやったり、池に浮かんでる石踏んで池の中に浸かったりして……。

昼飯休憩のとき、たまたまエレベーターでたけしさんと一緒になったんだけど、大量のサプリメントを飲んでるのを見て、ああ、忙しくて体を酷使してるんだろうなぁって思った。『たけし城』にはたけし軍団もたくさん出てたからね。これだけの人たちを率いてるってことは、相当面倒見がいいんだろうなって、そんな印象だった。

そのあと、たけしさんが出てたドラマ『青春夫婦物語　恋子の毎日II』にも、俺、出てるの。「共演」なんて立派なもんじゃなくて、たけしさんが機関銃を持って部屋に入ってきて、俺はビビって逃げ出す役だったと思う。そのころ舞台の仕事で無国籍の傭兵役をやってて金髪にしてたんだよな。それでそのドラマも金髪で出た気がする。

まぁ、全部俺の一方的な「目撃」だよね。「出会い」という言葉のだいぶ手前だった。

だからこのオーディションが、ちゃんとした「初対面」みたいな感じではあるんだけど、特に芝居を見せるわけじゃないし、特技を披露したりするわけでもなくて。簡単な自己紹介をするだけで、バイトの面接みたいな感じだったよ。

「寺島進です。出身は東京深川で深川第二中学校を卒業して、都立葛飾野高校を卒業して、今に至っています」

みたいな。それを助監督がうんうんって聞いてる感じ。北野監督はやっぱりずっと下向いて、目も合わさないし、まったく話さない。でもこっちをチラチラ見てる気がする、ような……。

その感じが……まぁダメだろうとは思ったけど、頭のどっかで、もしかしたら受かるんじゃないかって期待を持ったんだよ。そしたら電話がかかってきたの。

「白竜《はくりゅう》さんが演じるヤクザの手下の一人に決まったから」って。

嬉しかったなあ！　当時はそんなに仕事もなかったしね。現場に行けるってだけですんごい幸せだった。

今はない渋谷パンテオン前か、新宿スバルビル前のどっちかで集合して、ロケバスに乗って。

普通は2、3週間とか1か月とか、ぎゅっと日程を詰めて毎日撮影することが多いけど、北野組は隔週なの。レギュラー番組がたくさんあるから、テレビの収録をするテレビ週と映画の撮影をする映画週とがあって、それが交互にくる感じだな。1週間おきだから、長く現場に行けるのも俺にとったら楽しくてしょうがなかったよ。

また現場は独特の良い雰囲気でさぁ。

当時は生粋の映画監督だけじゃなくて、タレントやお笑い芸人さん、いろんな業界の有名人が映画監督をやり始めた時期だったけど、北野監督はその先駆者だったんじゃないかなぁ。今でこそ世界の北野武だけど、本当に未知数だったからスタッフも役者も「お手並み拝見」じゃないけど、どっかなめてかかってた人たちもいたんだと思う。そういう人とか、こういうときはこういう演技、みたいな、固定観念で固まっちゃってるような役者は、監督のセンスと合わなかったのかもしれないね。

現場で台本がどんどん変わっていくから、大きな役もちっちゃくなったり、ちっちゃな役も大きくなったりしてさ。でもそういうの、無名でちっちゃな役の俺たちからしたら夢があるじゃん。もしかしたら前に出られる可能性があるんじゃないかって、みんながソワソワ、ドキドキしてるような、なんとも言えない独特の感じがあって、それが現場の活気にもなってたと思う。

運命の歯車が音を立てて回り始めた

白竜さんの手下の役は3人組だったの。やっぱりみんな俺と同じようにオーディションで選ばれたメンバーで。小沢和義《おざわかずよし》と佐久間哲《さくまてつ》さんっていう俳優さんで。

カズ（小沢和義）は同年代だから、他の現場でも一緒になったりして……最初は和泉聖治監督の『恋子の毎日』の現場で出会ったんだっけなぁ。気心が知れた仲だったから、ちょっとホッとしてね。

そうそう、東宝で衣装合わせやってた段階では、3人とも誰がどんなキャラか決まってもなかった。そしたら急に監督が「一人、オカマになってくれない？」って言いだして、佐久間さんがやることになったんだよ。で、俺はたけしさんの妹役の川上麻《かわかみま》衣子《いこ》ちゃんを襲う役になった。

俺らの出番が来る前に、松竹の試写室で撮影した映像を見せられたんだよね。「こういう雰囲気だから」って。こういう雰囲気だから、役者さんも合わせてよってことなんだろうけど、そんなこと言われても〝役作り〟すらどうやっていいか分かってないレベルだったから。

だから北野監督に教えてもらうままに動いたよ。

女の子を襲う役にしてもどう動くのが正解なのか分からなくて。よく覚えてるのは、テストで腰とかガンガンに振ってたら、北野監督に「そうじゃなくて、こするような感じでやって」って教えてもらったのね。で、あとでモニター見たら、ちゃんと品がありつつ生々しい感じになってるの。おお〜、北野監督はすげえ〜！　って興奮したよ。


北野監督は俺たちみたいな若いあんちゃんにも気さくに声をかけてくれて、みんなを和ませてから「こうやってもらっていいかな」って演出してくれる。

だからもう、毎日がホントに楽しかった。

仕事が終わった後の酒もうまかったなァ〜。カズと中野に行って「今日はいい日だから焼肉食いたいね〜！」って、気持ちよく酔って帰ったことも何度かあった。このときも青春だったよ……青春っていうか、俺は単なる青二才だったけどね。

そういえば、楽しすぎてアドリブでやった演技のはずみで、俺ら手下のたまり場にあるサッカーゲームを壊しちゃったこともあった。

小道具を破壊しちゃうなんて、これは怒られるだろうなぁ……と思ってシュンとなってたんだけど、監督は何事もなかったかのように壊れた状態のサッカーゲームをうまく生かしたシーンを作ってくれてね。

それもまた感動したわけ。うわぁ、すげえって。生意気だけど、その柔軟な発想っていうの？　頭の回転の速さにも感動したのを覚えてる。


撮影が進むにつれて、俺はすっかり北野監督のファンになってた。

ファンになった理由はいろいろあるんだけど、やっぱ一番はさ、有名、無名関係なく俺を一人の役者として平等に見てくれたってことだろうな。

言いたかないけど、斬られ役っていうのは現場で下に見られたりすることもあんだよ。俺も何度か苦い経験をしたからね。でも北野監督は有名な役者さんと接するときも、無名の俺らに接するときも同じ態度で、斬られ役だからって下に見るようなところは一切なかった。それがホントに嬉しかったんだよね。感動したの。尊敬できる監督がそうしてくれたことは、役者を目指してた俺にとってホントにホントに希望の光みたいなもんだった。

俺にはまた、下町の言葉が心地よくってね。

下町の人って早口で、言葉の終わりにすぐ「バカヤロー、コノヤロー」がつくの。あれはもう方言みたいなもんなんだよ。だから「故郷の言葉」っていうの？　北野監督の話を聞いてると『あ〜、近所にこういう先輩いたよな〜』みたいな懐かしさが湧いてきて、心地いい安心感があるんだ。それにまた北野監督はペンキ屋の倅で、俺は畳屋の倅でしょ？　言葉だけじゃなくてそういう生い立ちも近いから、俺はますます勝手に親近感を抱いてた。すっかりたけしさんの人柄に惚れ込んじゃったんだ。

撮影が始まって間もないころ、白竜さんが俺たちに声をかけてくれたの。
「この映画は、きっとすごいものになる。だから頑張ろう」
最初は嬉しさだけでわけも分からず「ハイ、頑張ります！」って言ってたけど、撮影が進んでいくにつれて俺も本当にそう感じるようになった。最後はみんなが「この映画はすごいことになるぞ！」って感じてたと思う。

最初に完成した作品を見たのは、有楽町でやった一般のお客さんを入れて見る完成披露試写会だった。お客さんの興奮は客席にいるとよく分かる。俺はお客さんに交じりながらその興奮を肌で感じて、本当にすごいことになってるなぁと思った。

それに……映画が面白いのはもちろんだけど、なんといっても、俺史上、一番いい使われ方をしてたから。大スクリーンでどアップだよ？　どアップのカットを撮影してくれてたこと自体に、まず大感動！　エンドロールにもちゃんと俺の名前が載ってて……もう感無量だったよ。

しかも、その打ち上げの席で北野監督にご挨拶に行ったら、俺に言ってくれたの。

「あんちゃん今度よ、沖縄に行ってな、ヤクザと対立しちゃう話を撮ろうかと思ってんだ。俺がまた監督やったら、絶対あんちゃん呼ぶからよ」

もう～、嬉しくてさ。『やった!!　次の北野組決まった！』みたいな。その夜は眠れないくらい興奮したもんだ。

役者と云うは、孤独な事と見つけたり

『その男、凶暴につき』は1989年の作品。

その同じ年に松田優作さんが亡くなってしまって……。

俺、すげえ後悔したの。もっと優作さんにいろんな話を聞いておけばよかったって

……。親父が他界したときもそう思ったのに、またかと思ってさ。80年代後半は、本当に大切な人を失って、つらい思いをたくさんした時期だった。

だから次に惚れ込んだ人に出会ったら、今度こそ後悔しないように行動しようって自分に言いきかせてたんだよね。

そしたら北野監督にドーンと出会っちゃったんだわ。

亡くした二人の生まれ変わりのような存在だと、勝手に思った。そんな人が役者になれるかもしれない希望を与えてくれたんだ。こうなったら、中途半端なことはしたくない！

だから、腹をくくった。

役者を目指すために剣友会をやめたの。

後悔しないようにやりきるにはそれしかないと思って。

剣友会に所属したままだと、どうしても周りの人にはアクションがメインだと思われてしまう。そうじゃなくて、普通の役者を目指してるんだと分かってもらうためには、剣友会から離れなくちゃいけない。

剣友会は俺の原点だと、今でも思うよ。たくさん現場に行って、いろんな人に顔を覚えてもらって、いろんな現場のスタッフとも仲良くなってさ。挨拶の仕方から、仕事のやり方、先輩との付き合い方、酒の飲み方、すべてを学んだのが剣友会だった。だからもちろん寂しかった。でもこれを乗り越えなくちゃ俺の未来はないと思ったんだ。

やめたからって役者として面倒見てくれる事務所がすぐ決まるわけじゃない。だから、自分でプロフィールを作って、それをコピーして制作会社に持って行って、……マネジャーの営業みたいなことを自分でやってたよ。でも連絡が来るのはK&Uと横のつながりのある剣友会の仕事ばっかりで……。それでも役者を目指した以上は、俳優の仕事以外やっちゃダメだと思って、アクションメインの仕事は全部断ってた。

生活は苦しかったし、断りにくい話もあったけどね。自宅に連絡が来ても「明日、仕事があるんで」って嘘の断りをし続けた。なかには「寺島、生意気になったな」って陰口叩く人もいたけど、レッテルをはがすためには、何がなんでもやり遂げなきゃって、頑固に貫いたの。

すべて一人で決めて、一人で背負って……。

役者の仕事ってずいぶん孤独なんだなぁって思ったよ。孤独の中で自分に打ち勝たなきゃいけねぇんだなって。

意地もあったね。心が折れそうになってもその意地を貫けたのは、宇仁貫三先生にもらった言葉があったから。事務所をやめて宇仁先生と別れるときに、すごくステキな言葉をもらったの。

「剣友会やめるんだったら、日本一のチンピラ役を目指して頑張れよ！」

って。俺はこの言葉を胸に、日本一のチンピラ役になるまで、チンピラといったら寺島進ってなるまで、戦い続けようと思ったんだ。

「もしもし、俺、呼ばれてませんけど」

俺は北野監督から2作目出演の声がかかるのを待ってた。

ところが、待てど暮らせど連絡がない。

『その男、凶暴につき』は評価されたから見てくれた人は多かったと思う。俺も剣友会時代の仲間とかいろんな人から「映画館に見に行ったら寺島が出てたからビックリしたよ。いい役もらったね」なんて言ってもらって、それはもうホントに嬉しかったけど……俺は相変わらず暇だった。

バイトして、たまに役者の仕事があるような日々。

そんなあるとき、北野監督の新作の撮影が始まってるって噂《うわさ》が流れてきたの。打ち上げから1年くらい過ぎたころだったと思う。

「あれ？　俺、呼ばれてねえな」と思ってさ。すぐに電話したの。キャスティングの人だったか、オフィス北野だったか忘れたけど、とにかく窓口みたいなところに。それで聞いた。

「すみません寺島です。次の撮影をするときは声をかけてくれるって北野監督がおっしゃってたんですけど、まだ声がかかってないんですが、どういうことでしょうか？」

これ、イヤミじゃないよ？　純粋に忘れてると思ったから、これは言わなきゃと思ってさ。そしたら、電話の向こうの人にこう言われたんだ。

「いやあ、寺島くんねぇ、1作目とはまるまる違うキャスティングでやることになっちゃったんだ。だから前回出演した人は出られないことになってるんだよ。ごめんねえ」

もうガッカリ。期待してただけに断られたショックもデカかった。でもまぁ、1作目に出た人は出られないっていうならしょうがねぇなと諦めたんだよ。結局、その映画は『3－4X10月』って作品になった。

俺、公開されてすぐに見に行ったの。すごく余韻が残る画期的な映画だなァ～と感動したけど……出てるのよ、前作のキャストが！　この人、前作に出てたよな？　え、この人も。あ、この人も！って。『話が違うじゃねえかよ!!』って叫びたかったよ。いやいやいや、今だから笑い話だけど、俺みたいな初々しい新人つかまえて適当なこと言ってさ、大人ってズルいなと思ったよ！　正直、そのことはしばらく根に持ってた。

運命の女神がまたこっちを向いた

だから北野監督が3作目を撮ってるって噂に聞いたときは、なんかもう『ああ、俺のことなんて忘れてるんだ』ってうなだれてたの。

ところが……突然、うちに電話がかかってきたんだよ。

「寺島さんですか？　今、北野監督が3作目を撮っておりまして……急な話で申し訳ないんですが、監督から寺島さんのご指名があったんですが、この日は空いてますか？」

「空いてます！　行きます!!」

即答。そりゃあ、嬉しかったよね。『きたきたきたきた〜〜〜！』だよ。

それで監督不在のまま東宝に行って衣装合わせをして……そのときもらった台本を見たら「軽トラの男」って役だった。台本には「軽トラ、走る」ってト書きしかない。セリフもない。それでも、もうウッキウキだよ。嬉しくてしょうがなかったね。

「『その男、凶暴につき』で、白竜さんの手下に3人いたろ？　あのなかにこういうあんちゃんがいただろ。あいつ呼んでこい」

って、そう言ってくれたらしい。北野監督が俺のことを思い出してくれたんだって思ったら胸が熱くなったよ。

しかも現場に行ったら「軽トラ、走る」のト書きが、どんどん形を変えていって。もともとは主人公のカップルを海まで運ぶだけの役だったのに、北野監督がその場で次々にアイデアを出してくださって、シーンが膨らんでいくの。

「ここにサーファーとサーファーの彼女がいて、通りがかった軽トラのあんちゃんが『乗っけてやるよ』って言って、運転席にぎゅうぎゅう詰めに乗せるんだよ。で、警察に捕まっちゃうの」

それで、俺が警察と喧嘩して暴れるシーンも追加された。その喧嘩のシーンも、イメージがハッキリしてて……昨日のことのように覚えてる。

そんなこと台本にはまったく書いてないんだよ？　すごいよなぁ、と感心しながら俺はもう北野監督の言うとおり、操り人形のように言われるがままに動いてた。北野映画の登場人物になれることが嬉しくてしょうがなかったから。

午前中の撮影が終わってからの昼休み、カメラを持って監督のところに行ってさ。

「監督、今日はミーハーになっていいですか」

「なんだよ」

「1分だけ時間ください。写真、一緒に撮ってもらっていいですか」

なんて言って、ツーショット写真を撮ってもらったりもしたね。

そんな流れがあって、冒頭の「プロローグ」で言った千倉の大広間につながるわけ。だから「あんちゃん、ちょっと来いよ」で北野監督の目の前に座ったとき、実は俺、生意気にも言っちゃったの。

「俺、思ってることがあるんですけど、言いたいこと言っていいですか」

「うん、いいよ。なんだよ」

「監督は『その男、凶暴につき』の打ち上げで、次また俺を使うからって言ってくれたんです。それでずっと待ってて、『3－4X10月』のときスタッフさんに連絡したら『あ〜、前作に出た人は出れないんだよね』って言われて諦めたんですけど……映画館に見に行ったらみんな出てるじゃないですか！　話が違うじゃないですか〜」

文句っていうより泣き言なんだけど、それを聞いて北野監督はゲラゲラ笑ってくれた。そんなやりとりがあったあとであの言葉をもらったんだ。

「あんちゃん、まだ売れてないかもしれないけど、役者って仕事は一生続けていきなよ。役者はいいぞ？　スポーツ選手とか、俺みたいにしゃべる仕事は反射神経もいるし、現役を引退しなきゃいけない時期があるんだよ。でも役者ってのは、死ぬまで現役でいられるんだから。今売れてなくても20年後、30年後に売れて死ぬ間際に天下取ったら、あんちゃんの人生、勝ちだからよ」

それはちょうどこの道に入って10年目くらいのこと。

親父が行かせてくれた「好きな道」だったから意地でも続けようとは思ってたけど、それでも気が弱くなることはある。

特に酒なんか飲むとさ「仕事ねえなあ。こんなんでやり続けていいのかなぁ」なんて迷うことも正直あったよ。でもこの言葉をいただいたことで「売れていなくてもこの世界でずっとやっていこう」って覚悟が決まったんだ。本当に勇気づけられた。心の底から勇気づけられて、一生、役者をやり続けていいんだって思えた言葉だった。

そっからは暗示よ。自分自身に「絶対にできる」という暗示をかけて突っ走ってきたんだ。

追っかけ、現る

再びつながったたけしさんとの縁は、俺を大きく変えた。

ちょうどそのころ、たけしさんは『北野ファンクラブ』ってレギュラー番組があってさ。フジテレビの深夜に放送してた番組で。放送作家の高田文夫《たかだふみお》さんとかと一緒に、渋谷スタジオで収録してたのね。俺、それ知ってたから、たけしさんに「見学しに行ってもいいですか」って聞いたの。

そしたら「いいよ、いいよ」って言ってくれて。

それで、よく渋谷スタジオに行って『北野ファンクラブ』を見学するようになったんだ。なんせ暇だからさ。よくたけし軍団さんの人に「また来てんの?」なんて言われてたよ。

ま、完全に〝追っかけ〟だよね。俺はたけしさんの〝追っかけ〟になってた。

そしたらたけしさん、なんでか食事にも誘ってくれるようになってさ。また俺らじゃ食えないようなうまいもん食わしてくれるんだよなぁ。憧れの人と一緒に食事できるチャンスなんてそうはないと思ったから、俺も図々しく懐いていったの。

あるとき、飯食って酒飲んで気持ちよく酔っぱらってたら、たけしさんが「ちょっとうちのマンション来ねえか」って言ってくれたんだよ。

もちろん「はい！　行きます！」だよね。

それで二人してたけしさんがアトリエとして使ってるマンションに行って……それがまたすごいんだ。部屋に辿り着くまでに何回もセキュリティの関所みたいなところがあってさ。俺なんかボロアパート住まいだから「なんだこれ!?」って驚きすぎて部屋に着くころには疲れちゃったよ。

で、いざ部屋に入ったらまたまた大興奮。リビングがドーン、デカいテレビがドーンとあってさ。

たけしさんはＶＨＳテープをビデオデッキに入れながら言った。

「見せてやっからよ。あんちゃんよ」

まだDVDなんてない時代。VHSのテープをビーッと巻き戻して、俺、何が始まるのかちょっとドキドキしてたら「ここ、ここ」って何かを見せてくれたんだよ。

それは編集作業中の『あの夏、いちばん静かな海。』だった。

テレビのモニターには、俺が警察官と揉めて「なんだよ、コノヤロウ」ってやってるシーンが大映しになったの。たけしさんはそれを見ながら「出てんだろ、あんちゃん、出てんだろ?」って嬉しそうに言うわけね。俺も嬉しくなって「はい!」って喜んで見てたんだけど、独り言みたいにポロッと言うんだよ。

「チンピラ役やると、みんな顔ゆすったり身体ゆすったりやるんだよなぁ……」

画面の中の俺、思いっきり貧乏ゆすりしてるし、細かく体をゆすりながらしゃべってた。あちゃあ……だよな。


北野監督はいつもこうなの。

「お前、こういうことしちゃダメだよ」とは言わない。

「こういうふうにしちゃうやつ、いるんだよなぁ……」

この「……」の部分は自分で考えなさいってことなんだろうと、俺は感じ取った。

だから、これは俺にチャンスをくれたんだと思ったんだ。このアドバイスを教訓にしなさいって。そのやり方も北野監督らしいじゃない？　押しつけじゃなくて、ちょっといたずらっぽくて、でもシャイな感じもあってさ。

俺はそこでますます惚れたわけよ。『絶対、この人についていく！』って思った。

惚れ込んだ男の背中を追って

そんなことを教えてもらってたところ、北野監督がロサンゼルスで新作を撮るかもしれないって噂を小耳に挟んだの。

どういう経緯で聞いたかは覚えてないけど、俺はまだフリーの役者で、いろんなところに顔を出してアンテナを巡らしてた時期だから、そんななかで聞いた噂だったと思う。

もしそれがホントなら、監督がアメリカでどういう取り組み方をするのか見てみたいと思った。

ま、冷静に考えたらハリウッドの撮影システムなら見学だって規制がすごいだろうし、見せてもらえるかなんて分からないんだけどさ。でも俺、そんなことも分かってなかったからね。無知は強いのよ。

なんせ、後悔だけは残したくなかったんだ。

日本でよくない酒を飲んでウジウジ待ってるくらいなら、イチかバチかで行ってみようって。もう勝手にそう決めて北野監督が来る前にアメリカに行って待ってることにしたの。

追っかけにしてもタチが悪いよな。でも、もう惚れ込んでたからね。

なんでそこまで惚れ込んだかって？　おいおい、野暮なこと聞くんじゃねえよ。男が男に惚れるのに理屈はないの！

……まぁでも、さっきも言ったけど、やっぱり松田優作さんが亡くなったときの後悔が影響してるんだろうなあ。

せっかく優作さんと知り合えたのに、俺、敢えてあんまり近づきすぎないようにしてたんだよね。〝取り巻き〟みたいになる連中もいたけど……本能的な感覚だからうまく説明できないけど、近づきすぎるとなんか持っていかれるような、影響を受けすぎちゃってよくない気がしたんだ。それはネガティブな意味じゃなくて、優作さんは大スターですげえカリスマだったからこそ、吸引力みたいなものがものすごかった。でも、俺は俺のペースで進んでいきたかった。それだけのことなんだけど。

でも、まさかこんなに早くにお別れが来るとは思ってなかったから、亡くなったときにものすごく悔やんだんだね。

遺作になった、リドリー・スコット監督の『ブラック・レイン』に出演したときには、アメリカまで見学しに行った仲間もいたらしい。それ聞いて、俺も行けばよかったって思った。けど、もう遅くてさ……。

これからは、大好きな人が生きているときに、できることは全部やりたいと思った。だから、北野監督がアメリカに行くなら俺も行きたいってごく自然に思ったんだよね。

それで、またバカ正直にオフィス北野に電話して聞いたの。

「『あの夏、いちばん静かな海。』に出てた寺島ってもんですけど、北野監督は、いつごろアメリカに行かれるんですか？」って。

事務所はガードが堅くてさぁ、初めは「まだ暫定でなんとも言えません」ばっかりで全然相手にしてくれなかったよ。それでもおおまかな時期は噂に聞いてたからね。

どうせ行くならアメリカ横断の一人旅をしようと思って。最終的にロサンゼルスで待つにしても、まずはニューヨークに行こうと。だったら北野監督が来そうな時期を逆算して、ニューヨークからグレイハウンドバスに乗って大陸横断しようと思ったの。

グレイハウンドバスはちょっとした憧れだった。なぜって、矢沢永吉さんの『トラベリン・バス』って曲だよ。

♪ルイジアナ　テネシー　シカゴ　はるかロスアンジェルスまで
きつい旅だぜ、お前に分るかい　あのトランベリン・バスに揺られて暮らすのは♪

テーマソングじゃないけどさ、この曲が旅の気分に拍車をかけたのは間違いないね。北野武監督が一番の目当てだけど、どっかで自分探しの旅みたいなもんでもあった。ただ、気持ちはあってもカネはなかったから、お袋に50万円借りてニューヨークに行ったの。今なんか京都に3週間滞在するだけでデカいキャリーバッグ引きずって行ってるのに、ボストンバッグ一つで十分だった。

ニューヨークには1週間いる予定だったんだけど、なんか楽しくなってさ、オフブロードウェイとか、ハーレムのアポロシアターとかに行ってるうちに、10日くらいすぐ経っちゃってた。

言葉？　俺が英語できるわけないじゃん！　でもお互い人間だから問題ない。ジェスチャーや片言のニュアンスとか感覚で分かるもんなんだよ。

アポロシアターの「アマチュアナイトショー」を見に行ったときなんて、隣に座った黒人のカップルと仲良くなってさ。男の方と「お前どの女がいい？」「俺は黄色いハットの女」「一緒だ、ブラザー！」とかなんとか言って大盛り上がりだったよ。

しっかりニューヨークを堪能したあと、「さあグレイハウンドバスに乗ってロスを目指そう！」と思ってさ。45丁目にあるバスターミナルまで行ったんだ。でもチケット売り場で「ロサンゼルスまで」って言ってもうまく買えないのよ。何度かチャレンジしたんだけど、全然買えない。おかしいなぁと思って近くの日本料理屋に駆け込んで聞いたら、なんのことはない、ロサンゼルス直行便なんてないことが分かった。要は乗り継ぎ乗り継ぎで行かなきゃいけないわけ。早く教えてくれよ〜、だよな。

ロスまでは北経由と南経由があるんだけど、俺は南経由を選んで、まずアトランタまで行くことにした。で、アトランタで乗り換えて、その次はニューオリンズ。

移動するたびにオフィス北野に電話して「いつ来ます？」「いつ来ます？」って聞き続けたよ。国際電話はすげえ高くてさ。恐ろしいくらいにカネがかかったけど、まあ北野監督の情報は必要不可欠だからね。

アメリカ珍道中

ニューオリンズでは泊まる場所ですったもんだがあったの。

タクシーに乗って、俺が泊まりたいホテルを指さして「ここ行ってくれ」って言ったら、運ちゃんが「そこはＮｏ Ｇｏｏｄだから、ここにしな」って、きったねぇホテルに連れて行かれたのよ。

けっこう走って、黒人街の閑散とした街中だった。もう、周りは完全にデンジャラスな感じ。絶対ここ泊まったら何かあるなって悪い予感しかしない。またそのホテルのフロントの婆さんが意地の悪そうな顔してるんだ。一応、値段聞いたら、そんなホテルのわりに割高でさ。このホテルは断ろうと思って、俺は一芝居打ったね。両ポケットからカネを取り出してみせて、「俺、これだけしか持ってない」「オンリーオンリー」って芝居したら、フロントの婆さんが呆れて、

「だったら、さっさと帰りな」みたいな態度になった。作戦成功！ それで、もともと泊まりたかったホテルを目指して歩き出したんだ。

そしたらさっきのタクシーが横をずーっとついてくるんだよ。なんかそれも腹立つし気持ち悪いじゃん。日本語で「ふざけんな、バカやろう！」って悪態ついたらいなくなったけど、今度はパトカーが俺の横をずーっとついてきて……。いっそのこと乗っけてもらってホテルまで送ってもらいたかったよ！　俺、被害者なんだからさぁ。でも、ちょうど疲れ果てて歩けないって限界が来たとき、いい感じのホテルが出現して。

そこに入ったら、さっきとは打って変わってきれいなロビーでさぁ。フロントのお姉さんも愛想がいいから、天使のように輝いて見えたよ！

そのホテルではバスタブもあったから、アメリカに来て初めて湯船に浸かったんだ。たぶん、2週間ぶりの湯船。

「バスタブに浸かるってこんなに心地いいことなんだ。ありがてぇ……」ってしみじみ思ったよ。

体を沈めてボーっとしてたら、石原裕次郎《いしはらゆうじろう》さんの『太平洋ひとりぼっち』って映画のワンシーンが思い出されてさ。物語の最後に、旅を終えた主人公が満足そうに湯船に浸かって死んだように眠るんだけど……俺はゆっくり風呂に浸かって垢を落としたら元気出ちゃったんだね。その夜は、さっそく近所のジャズバーみたいなところに行ってバーボンロックを飲みながら楽しい時間を過ごしちゃった。若いってすげえよな。

で、また3日間の滞在予定が1週間になって……でも、ここからオフィス北野にかけた電話で、ついに「1週間後にロスに行きますよ」って教えてくれたの！

よっしゃー！　って。

そろそろ俺もロスに行かなきゃってことで、次の経由地、エルパソに向かったんだ。で、エルパソで乗り換えるロサンゼルス行きのバスが最後のグレイハウンドバスになる……はずだった。


気が緩んじゃったんだろうね。エルパソ行きのバスに乗って、寝て起きたら、いつのまにか朝になってた。そしたら、どうしてもタバコが吸いたくなっちゃうんだよね。寝起きのタバコはおいしいから。

あ～タバコ吸いてえなあ。ドライブインまだかなあ、ってソワソワ窓の外を眺めてたんだけど、見渡す限りテキサスの荒野でドライブインは見当たらない。我慢できなくなった俺は、後部座席にトイレがあることを思い出したんだ。

で、こっそりトイレで一服したの。でも携帯灰皿なんてない時代だから、吸殻の処理に困ってさ。便器の中は油が浮いてて怖いし……。そういうところ臆病なのよ。「ボン！」なんて爆発したら大変だからさ。

しょうがないから、つい小窓からポイッと捨てちゃったんだよな。

それで席に戻ったら……運転手がバックミラー越しに怖い顔して俺のことジーッと見てんのよ。で、「こっちに来い」ってアナウンスされてさ。行ったら、

「Next busstop get out here」

俺にもそれはしっかり聞き取れた。あ、次のバス停で降りろ、って言われてるんだって。だから慌てて辞書を引っ張り出して「反省」のところを指さしながら、「Sorry Sorry」って謝ったのよ。でも許してくれなかったんだよね。アメリカにはイエローカードの「注意」はない。いきなりレッドカードの一発退場。容赦ないんだ。

で、ホントに次のバス停で降ろされた。テキサスの荒野のど真ん中で。いやぁ、こんなことあるんだな～って……。

時刻は午前10時40分。次のエルパソ行きのバスが来る時刻は不明。絶望的な気分になったよ。ペットボトルもない時代だから、暑い中で水も持ってないし、ずっとそこに突っ立ってたら本当に死ぬと思った。周りを歩いてみたら、ポツンポツンとピザ屋とかガソリンスタンドがあった……。もう、助けを求めるように入ったピザ屋で、飲んだビールはうまかったなぁ！

そのあとガソリンスタンドの兄ちゃんが、エルパソ行きは、最終便がまだ一便来るって教えてくれたんだ。そのバス停は、車の部品屋さんの前で、俺はそこで時間をつぶしながら、6時間後に来る次のバスを待った。時間つぶしているときに荷台に馬を載せたトラックが来たんだけど、俺、寂しすぎて馬に話しかけたもんね。

「俺もお前も独りだなァ」って。そう言いながら、テキサスの雑草を食わせてたよ。

結局、その日の最終便、16時40分のバスに乗ることができて、ロサンゼルスに着いたのは2、3日後だったと思う。

テキサスからロサンゼルスまでだって、福岡から北海道ぐらいの距離あるからね。改めてアメリカってでけえなと思ったよ。

代表作をつかみ取った情熱の旅

ま、そんな珍道中の一人旅の末に、なんとかロサンゼルスに着いた。ハリウッド近くの安モーテルに陣取って、そこからまたオフィス北野に電話をしたの。

そしたら今度はなぜだか対応が違ったんだ。

「泊まってるホテルの名前と、場所を聞いておくように言われたので教えてください」って、デスクの人に聞かれたから「なんとか通りの〇〇ホテルに泊まってます」って伝えておいた。

そっから数日後、部屋でボーっとしてたらチリリンって部屋の電話が鳴った。出たらフロントからで、「代わります」って代わった人は、なんとオフィス北野の森昌行《もりまさゆき》社長！「あ、寺島くん？」って出たと思ったら、またすぐ「代わりますね」って別の人に代わったの。で、次に聞こえたのは……。

「たけしだけど」

もう、飛び上がるくらい嬉しかった！

たぶん、たけしさんが乗ってる車から電話をくれたんだと思う。内容は俺がちゃんといるか確認してすぐ切れたんだけど、しばらくしたらフロントマンが部屋に来て言ったんだ。

「お客さんがお見えですよ」って。

慌ててフロントに行ったら、そこには追いかけに追いかけた北野監督が立ってた！

……いや、正確には北野監督だけじゃなくて、森社長とかコーディネーターの人もいたんだろうけど、俺の目には北野監督しか映ってなかったよ。

目が合った瞬間の俺の顔、どれだけ幸せそうに笑ってたか。たけしさんも嬉しそうな顔してさ。

「あんちゃん、もういいから車乗ってさ、俺のホテルでちょっと一杯やろうよ」って言っていただいて。俺も「ありがとうございます！」って車に乗せてもらったの。で、ホテルに行く道中、いろいろ聞いてくれるんだよ。

「あんちゃん、アメリカ旅してたんだって？　何か面白いことあった？」

「それが、ここに来る途中グレイハウンドバスでタバコ吸っちゃったら、テキサスのど真ん中で降ろされちゃって……」とか「怪しい運転手に汚いホテルに連れて行かれて大変でしたよ！」なんて珍道中の話をしたら、げらげら笑ってくれてさ。

そのときは俺、まだオフィス北野に入ってるわけじゃないし、ましてや軍団でもない。でもたけしさんはこう言って笑ったんだ。

「いやー、うちのやつらは無茶するやつばっかだなぁ～」って。

一瞬で胸が熱くなった。「うちのやつら……」。

その言葉が、まるで身内扱いされたみたいで、頭がシビレるような、なんともいえない気持ちになった。ホントに嬉しかったなァ。俺の人生の中で忘れられない瞬間のひとつだね。

　ホテルに着いたあとは、監督の部屋で部屋飲みをすることになってさ。飲みながら北野監督が言ったの。

「今度撮る4作目は沖縄の話でさ、あんちゃんの役があるからよ」って。

「ありがとうございます！」

　俺、心からそう言ったけど……あれ？　なんか聞いたことあるなとも思った。なんてったって大喜びして呼ばれなかった『3－4X10月』の前例があるからさ。でも、今回はどうも本当っぽいんだ。

「今度はよう、ケンって役に決まってるからよ。俺の弟分なんだよ」って、どんどん具体的な話が飛び出したから。

　結局、俺はその話を大きな土産に日本に帰ったんだよね。

　あのころ、北野組に加わりたい役者は多かったと思うけど、俺ほど北野監督を追っかけたやつはいなかった。今思えばタチの悪い追っかけだけど、それは情熱の旅でもあったと思う。俺の思いだけが先行してたあのころ……。

　アメリカで聞いたその4作目は、数か月後『ソナチネ』という題名がついた——。

軌跡（1）

一歳のころ。目がくりくりして、
近所でもかわいいと評判。

小学一年生のころ、学校でかいた絵。絵をかくのが好きだった。

絵の後ろには直筆の「サイン」が。

やんちゃだった
高校時代。

宇仁貫三先生と19歳のころの寺島氏。
三船芸術学院の河口湖殺陣合宿にて。

剣友会時代の初舞台。新宿アシベにて。

19歳。三船芸術学院の卒業舞台の
殺陣の公演を見に来てくれた父と。

大部屋時代、21 歳ごろ。
事務所に通い、仕事し、
たくさんの先輩にかわ
いがってもらった。

三船プロの時代劇
セットの前で。

鬼怒川ウェスタン村のショーの楽屋で、銃の手入れをしている。

25歳のころ、鬼怒川ウェスタン村で、衣装を着て。

北野監督を追って、初めての
ニューヨークにて。

1991年『あの夏、いちばん静かな海。』撮影中に、
北野武監督に写真撮影をお願いして。27歳のころ。

第四章

粘り勝ちの〝映画俳優〟

北野監督独特のライブ演出

『ソナチネ』の現場では、毎日ウキウキの一方、緊張感もハンパなかったね。

俺の役は聞いていたとおり、たけしさんを慕う舎弟のケン。ただ、今まで出させていただいた作品とは出番の多さがまったく違うからさ。いつもたけしさんの隣に映れる嬉しさ、撮影中も北野武監督のそばでいろいろと学べるありがたさはものすごくあったけど、ついていくのに必死だった。

当時の北野監督の演出ってホント「ライブ」みたいだったの。

スタッフは誰も台本持っていなくて、現場に行くと今日やるシーンの台本が紙で配られる。それすらないときもあって、いわゆる北野監督の口立てて演出するのをみんなが自然体で表現する感じ。

もう、俺、北野監督の言うことを耳ダンボにして聞いてたよ。

最初のころは余裕もないから、「こういう感じでやって」って言われたことをそのままオウム返しみたいにやってた。ただ、北野監督も演者だから教え方がうまいんだ。

まだまだ俺は役者未満の時分。北野監督の演出が他と比べて独特だなんて思える頭もない、何の色もついてない状態だったから、北野組にスッと入れた気がするね。逆に、ちょっと役者かじって色がついてたら難しかったかもしれない。

だから、北野組にご縁をいただいたタイミングというか、時期的なこともホントに運がよかったと思ってる。

『ソナチネ』で忘れられないのは、やっぱり相撲コントのシーンかなあ。

たけしさん演じるヤクザの一行が沖縄に逃げたあと、たけしさんと大杉漣《おおすぎれん》さんと渡辺哲《わたなべてつ》さんたちが、浜辺で俺と勝村政信《かつむらまさのぶ》を紙相撲のコマみたいに動かして遊ぶ相撲コントふうのシーンがあるの。あそこはよく「アドリブですか?」って聞かれるんだけど、とんでもない! すげえ苦労したんだから。

撮影前、俺と勝村が渋谷スタジオに呼ばれてさ。行ったら、たけしさんと、たけし軍団のガダルカナル・タカさんがいた。

「今からやるから見といて」

って、二人がその相撲コントみたいなことを見本で見せてくれるわけね。無言のまま動くだけなのに、それがめちゃくちゃ面白いんだよ!

「じゃあ、やって」って言われて、今見たことを同じようにやろうとするんだけど、俺と勝村がやっても全然面白くない。やっぱりお笑いの人ってすげえなぁって思ったよ。

タカさんにコツを聞いたら「昔から軍団で稽古してたからね～」ってサラッと言う。やっぱ俺らが剣友会の稽古を毎日してたのと同じで、軍団の人たちもこういう稽古をしてたんだね。間合いとか間の取り方とかさ。それはやっぱり一朝一夕にはできないもんよ。北野監督も言ってたもん。

「なかなかできねぇだろう？　コントって難しいんだぞ」

って。ま、だからこそリハーサルしてくれたんだね。俺が知る限り、北野組で撮影前にリハーサルやったのは後にも先にもこのときだけだった。

俺と勝村は沖縄に行ってからもずっと練習してたよ。台風が来て雨で撮影が休みになることも多かったんだけど、そのときも二人でずっと。

その成果は……まぁ本編を見ていただくと分かるけど、ちゃんといいシーンになってると思う。でも、やっぱり編集で助けてもらいましたね。そんな苦戦したシーンをアドリブっぽく見せる編集のテクニックもホントにすごいと思う。

北野監督は俺と勝村の若者舎弟コンビのやりとりを気に入ってくれて、けっこうたくさん使ってくれてさ。当時、勝村はたけしさんの『元気が出るテレビ!!』にレギュラーで出ていてすでに有名人。俺なんかどこの事務所も拾ってくれない剣友会上がりの無名でしょ？　でも、北野監督が編集中にポロっと言ったらしい。

「勝村より寺島の方が印象残るな～」

って。北野組のスタッフから聞いた覚えがあるんだ。ウソかホントか分からないけど、ちょこっと嬉しかったのを覚えてる。

大杉漣さん、勝村政信、俺。いつ死ぬか分からない沖縄ロケの思い出

沖縄ロケはとにかく雨がすごかった。

現場の思い出はたくさんあるけど、みんなで酒を飲んでる場面が強烈に残ってるなぁ。スタッフ、キャストはほとんど男ばっかりで、寝食をともにして合宿みたいな感じだったね。

沖縄ロケじゃ、お互いいつ死ぬかも分からないわけよ。漣さんなんか東京で終わる

はずが、沖縄の最後の方まで出たからね。だからいつも、「なんか聞いてる？」って情報を交換しながらやってた。

いろんなことがあったよ。

漣さんは『ソナチネ』で初めて出会ってから、俺にとって北野組の戦友みたいな人だった。どの現場で顔を合わせても、いつも「寺ちゃ〜ん！」とか言って手を振って声かけてくれた。あの笑顔でね。

だから……ちょっと話は飛ぶけど、亡くなったって聞いたときは、まさかって感じだったよねぇ。言葉も出なかった。しばらくは実感も湧かなくて……。

何日か経って夢の中に出てきたのよ。

元気な姿で「寺ちゃ〜ん！」とか言って手を振って……そう、いつもと同じ、会うと必ず見せてくれたあの笑顔だった。そんな夢を見て、俺、なんかうまく言葉で表せない感覚があったんだ。

実はのちのち不思議なご縁でつながるんだけど……それはまた後で話そう。

沖縄ではちょっと苦い思い出もある。

その日も雨で撮休になって、渡辺哲さんと漣さんと俺の3人で泊まってるホテルで酒を飲んでたの。俺らがいたすぐ横にガラス戸があって、なんとなくみんな外を見てたんだけど、雨がスコールみたいにザーっと降り出してさ。あ〜あ、早く止まねぇかなって思ってたら、二人が「誰か、雨止ませる踊りをやってよ〜」なんて言い始めたんだよ。

それを聞いた俺、酔った勢いで調子に乗ってつい全裸で踊っちゃったの。それ見たみんなはすげぇ笑うし、楽しくなって騒いじゃったんだね。

そしたら、その話がスタッフに全部広まっちゃって……当時の北野監督のマネジャーが俺の部屋に来て「寺島くん、これはやばいよ」ってみっちり怒られたよ。

そういうハレンチなことをしたら北野組は下品だという噂が広まっちゃう、自分たちは団体行動をしてるんだから……ってこんこんと。もうおっしゃるとおりですって感じ。

「北野監督も、寺島、あんなことやってたら一流になれねえな、って言ってたよ！」

って釘を刺されて、ますます反省。

翌日、スタッフや共演者のみんながホテルで朝食を取ってるときに「昨日はすみませんでした！」って謝った。それを見て北野監督も、まぁ大丈夫だろうって思ってくれたみたい。

いくら飲んでも平気で、調子に乗りがちだった20代後半。ホントに今も反省してる事件でした。

ケンと向日葵の墓

俺が演じたケンは、浜辺で勝村とフリスビーかなんかやってるときに、チャンバラトリオの南方英二《みなかたえいじ》さん演じる殺し屋に撃たれて死ぬんだ。倒れた近くに木の船があって、たけしさんもそばにいて。そんな映像はないんだけど、たぶん、ケンはその近くに埋められたんだと思う。

『ソナチネ』のエンドロールが終わった後に、まず出てくるのが向日葵《ひまわり》のアップ。で、カメラが引くと、そこにはあの浜辺とボロボロに朽ちた船がある。

たぶん、ケンが死んで数年後の景色なんだろうね。風に揺れる向日葵を見て、ああ、これは俺の死に花なんだなって思った。俺の墓っていうか……。そのシーンは胸に突き刺さったね。北野映画って余韻がすごいけど、俺の中では一、二を争うインパクトのある作品。

たけしさんが昔出した『KID RETURN』っていう詩集があってさ。その中に「向日葵」っていう詩があるんだ。

「ひまわりは人の生き死にに深くかかわる花」という一節から始まる詩なんだけど、『ソナチネ』のラストシーンとその詩がすごくリンクするの。

もちろん、今までで一番出番が多くて大きい役だったけど、それ以上に、すごくいい役をいただいたんだなぁってしみじみ思った。感謝しかないよ、本当に。

一年考えて入れてもらったオフィス北野

『ソナチネ』を撮ってるときも、撮り終えたあとも、たけしさんはよく飲みに連れて行ってくれた。

あるとき、高級なお寿司屋さんに行ってさ。俺なんて見たことのない、すげえうまそうな握りが出てきたのよ。ピカピカでさ。喜んで食ってたら、たけしさんが言ったの。

「あんちゃん、うちの事務所入りゃいいのに。フリーなんだろう、今」

ありがたかったねぇ。本当に涙が出るくらい嬉しかった。でも、だからこそ、すぐに答えは出せなかった。男が一度お世話になるって決めたら、もうそこに骨を埋める覚悟じゃないといけないと思ったから。

だから、それから一年考えた。

腹を決めたあと、改めてオフィス北野に電話をして、森社長の面接を受けたんだ。そしたら「うちは、いいよ〜」って、何か俺を必要としてくれてる感じもあって、それで正式にお世話になることになったんだ。

ちょうど『みんな〜やってるか！』のころだったかな。

おかげさまでマネジャーも決まって、それまで全部自分でやっていたことをやってもらえるようになった。新しくなったプロフィールを持って、マネジャーと映画会社に行ったり、テレビ局を回ったりしたね。

『ソナチネ』はカンヌ国際映画祭でも上映されたし、イタリアのタオルミナ国際映画祭でもグランプリを受賞して、世界中で熱狂的な北野映画ファンが生まれるきっかけになった。

おかげで俺も『ソナチネ』が公開されると「この兄ちゃん誰だ」と思ってもらえるようになった。『ソナチネ』を見て俺と仕事をしたいと思った、って監督もたくさん現れるんだけど……それはもっと年月が経ってからの話だな。

いろんな人に「これから忙しくなるよ！」って言われたけど、すぐ現状が変わるほど甘い世界じゃなかった。ちょっと顔を知られるようになったくらいじゃ全然ダメだよ。厳しいんだよ、この世界！　相変わらず、役者だけじゃ全然食っていけなかった。引き続きアルバイトもたくさんやってたね。

背中に感じた男の気迫

あれは『みんな～やってるか！』の公開の前だったか……。

北野監督のバイク事故が起こったの。

そのころは俺、もうオフィス北野の一員だったんだけど、逆に事務所に入ったことで、なんかたけしさんの周りの人のガードがすごく堅くなっちゃったんだよね。フリーだったころは平気で遊びに行ってたのに、いろいろと順序を踏まないと会えない、距離を感じる瞬間があって妙にピリピリしてた。

そんな時期だったから、バイク事故の一報を聞いて、俺の頭の中は真っ白になった。でも、絶対にまた元気になって、さらに凄みを増して帰ってくるんだろうなって信じてたよ。

北野組と言われる人はみんなそう思ってたと思う。

だから復帰作の『キッズ・リターン』が決まったときは「よっしゃ！」と思ったし、スタッフ、キャストみんな異様にテンションが高かったのを覚えてるね。

世間的には「ホントに大丈夫？」みたいな意味も含めて、北野武監督の復帰作としてすごく注目を集めてた。だから、現場じゃ『ここでヘタは打てねぇぞ！』みたいな気迫がすごかったんだと思う。

みんな惚れた男のために一肌脱ぎたいわけよ。自分のエネルギーがちょっとでも何かの役に立てばいいなと思って、俺も、気合い入ったもんなぁ……。

現場で会った北野監督とどんな話をしたか細かいことは覚えてないけど、眼帯してたことは覚えてる。

復帰作だからって監督と何か特別に話したりとかそういうことはなかったと思う

よ。でも、なんとなくあの人の背中を見てると感じるものがあって……もともと、ああしよう、こうしようって言葉多く言う人じゃないから。

俺が任してもらったのはキレやすいヤクザの役。そういえば、この作品が映画デビュー作だった金子賢《かねこけん》とラーメン屋で絡むシーンがあったんだけど、金子がビビっちゃってさ、北野監督に泣きついたって後で聞いたよ。

「監督、あの人怖いんですよ！」

「ばかやろう、あれは芝居だろう。芝居やってんだよ！」

って、そんなやりとりがあったらしい。俺もテンションが上がりすぎたのかもしれないな。

『キッズ・リターン』を境にバイトをやめて背水の陣

撮影がない日は、長年お世話になってる鬼怒川のウェスタン村のリーダー、森本浩さんの計らいで、ウェスタンショーのシフトを入れていただいてた。

馬に引きずられたり、屋根から落ちたりして生傷も絶えなかったけど、バイト代がよかったから、まぁ入れる日は入りたいわけよ。家賃も払わなきゃいけないからさ。『キッズ・リターン』での俺の役はそんな何日も出ない予定だったから、多少延びてもなんとかなるくらいの余裕をもってシフトを組んだはずなのに、出番が終わって何日か経ったころウェスタン村に電話がかかってきたの。

「業務連絡、業務連絡、ウェスタンショーの寺島さん。電話が入っていますので、至急、受付まで来てください」って。なんだろうと思って電話に出たら、北野組のスタッフ。慌てた様子で言った。

「出番が増えたんで明日、来てください！」って。

いや、もちろんすげえ嬉しいんだよ？　北野組の現場なんて少しでも長くいたいんだから。でも、ウェスタンショーは何人かでシフトを組んで1週間とか10日くらいやるわけ。こっちはこっちで、俺が抜けたらショーの人間が一人足りなくなっちゃう。それも大変なことなんだよ。とはいえ、行かないわけにいかないから大急ぎで俺の代役を探しつつ、みんなに事情を説明して謝って……あれはホントに慌てたなぁ。

そんなこともあって『キッズ・リターン』の公開が始まったころを境に、バイトを卒業して役者に専念することにしたんだ。

まぁ、俺の感覚でいうと「役者で食える」って状況には程遠かったけど、なんとか生きていけるって感じだった。

『キッズ・リターン』は北野映画第2期スタートって感じの作品だと思ってるんだけど、俺の本格的な役者生活への区切りの作品でもあるんだよね。

バイトをやめると、いよいよ「背水の陣」みたいな気持ちになる。

それと関係あるかないか分からないけど、ありがたいことにお仕事も少しずつ増えていって、映画やドラマにちょこちょこ出させてもらえるようになってきた。

迷宮に迷い込んだ『HANA－BI』

いろんな作品から声をかけてもらえるようになったけど、俺にとって北野組は別格だった。

どんな仕事をしてても、俺の基本は「これが北野組だったら」っていう芝居を心掛けてたから、『HANA－BI』でまた声をかけてもらったときは嬉しかったね。

俺はたけしさん演じる刑事の後輩役。ヤクザ役は多かったんだけど、刑事の役ってまだあんまりやったことがなかったんだよね。

それでちょっと、頭が固くなっちゃってたのかもしれない……。

撮影が終わるたびに北野監督が食事に連れて行ってくれるんだけど、なんか毎回「人から聞いたんだけど……」って話をするんだよ。

「そういえばさ、寺島はドラマでうまい芝居を覚えて、それを映画でやろうとしてるって助監督の○○が言ってた」

で、また撮影終わって食事に連れて行ってもらうと、

「なんか記録の△△さんが言ってたけどさ、寺島は妙にうまい芝居を覚えて……」

そうやって違うスタッフの名前を出して同じことを言うわけ。

俺、困惑して、これはいったいどういうことだろうって、名前が出たスタッフさんに電話したんだよ。

「すみません、○○さん。毎回監督からこんなこと言われてるんですけど、それってどういう意味なんですか？　○○さんがこういうことおっしゃったって言ったんですけど……」

そしたら、すぐに教えてくれたよ。

「ああ、それは監督の意見よ。私そんなこと一言も言ってないもん」

やっぱり……！　だよな～。監督が自分で言いたくないもんだから、人が言ったことにして、俺に伝えてたわけ。

俺、それですっかり迷っちゃった。もう、考えすぎて頭がどんどん固くなっちゃってさ。『ソナチネ』のときは、あんなに現場に行くときウキウキしてたのに、『HANA－BI』のときは、ずっと複雑な思いを抱えてたね。表現する不安がいつも心の奥でチラチラしてて……。

もう、何をしていいか分からない。そうすると芝居がますます硬くなるんだ。俺、それまで一度も北野監督に演出的なことで質問することなんかなかったんだよ。でもどうしていいか分からなくて、初めて質問した。

「正直、芝居が分からなくなっちゃったんですけど、どうしたらいいんですかね」

って。そしたらたけしさん、そのときメイク中だったんだけど、タバコに火つけて大きく吸った後、フーッて煙を吐きながら、一言言ったの。

「間かな」

俺、ますます頭を抱えたよ！　余計にわけ分からなくなった。間かぁ!?　結局、わけ分かんないまま撮影が終わっちゃったの。自分の中で何の消化も解決もできなかったね。ホントにこれは後悔が残ってしまった……。

思えば、少しずつ仕事が増えてヘンに芝居ってもんを覚えて、どっかで色気が出てたんだろうね。やらないように注意してたつもりだったんだけど、そういうのって自分じゃ分からないのよ。だから、ずっと暗中模索というか、五里霧中みたいな状態。剣友会時代、松田優作さんに「自信と過信は紙一重だよ」って言われたの。自信がないと何もできない。でも過信をしたら足元をすくわれるって。ただ、ある程度の自信はなきゃ、迷いが画面に映るんだな。その自信がないまま終わっちゃったの。だから、実は俺のシーンでカットされた部分も多かった。まあ、それはカットされるわな。あんな自信ない顔してたら。でも北野監督は本当に編集がすごいから、またそれでなんとか助けてもらったね。


ちなみに、あれは『監督・ばんざい！』のころだったと思うけど、北野監督の家で飲み会があったとき、このときの話をしたの。そしたらこう言ってた。

「あれは自分で自分に言い聞かせてたんだよ」

って……。本当のことは分からないけどね。でも終わりよければすべてよし、だよ。この後、『HANA-BI』はとんでもない展開を見せたんだから。

人生最高のシャンパン

『HANA-BI』はベネチア国際映画祭のコンペティションに出ることになった。

そのころ、深川の先輩で、海外の映画祭のディレクターなんかも務めていた林加奈《はやしかな》子《こ》さんからアドバイスをいただいて。

「いろんな映画祭があるけど、ベネチアは行った方がいいよ」って。

その言葉を聞いて、なんか心に響くものがあった俺は、自費でベネチアへ行くことにしたんだ。そもそも、キャストは行っちゃダメって言われてたの。それは、来られてもスタッフの手も足りないし、ケアできないからって意味だったんだけど。俺はそれでもいいから行きたくて森社長に直談判してさ。

「ケアなんていいです。俺は勝手に行ってるだけですから」って。

ベネチア映画祭の観客がどんなふうに見てくれるのか生で感じたかったし、北野監督が現地でどう受け止められるのかも見たかった。またタチの悪い追っかけが始まったわけ。

一人でイタリアに渡って、ヴァポレットっていう水上バスを乗り継いで、ベネチアに上陸して、夜、ガラガラガラガラスーツケースを引いて……あそこ全部石畳だからうるさくてしょうがなかったよ。

俺の方が先に行って北野監督たちが来るのを待ち構えてたんだけど、2日後くらいに北野組のチームが来たと思う。

「ケアできないよ」なんて言ってたのに、いざ現地で会ったら優しくてさ。

「公式上映会一緒に歩こう」って森社長が言ってくれたんだ。ま、俺も一応、一張羅のスーツを持ってきてたからさ。

ベネチア映画祭は青絨毯なんだ。公式上映のとき、その青絨毯の上を久石譲さんの『HANA-BI』のテーマ曲が流れるなか、監督と一緒に歩いて……今じゃ北野映画はこの映画祭の常連だけど、このときは初めてのベネチア映画祭だった。もう〜、テンションが上がったね！

上映会場ではみんなで並んで見てさ。で、見終わったら……観客からの熱狂的なスタンディングオベーション！　本気で好感触なのはすぐに分かった。だって、みんなのエネルギーがすごかったから。そういうなかで監督と一緒に立たせてもらって、もう、胸がいっぱいになったよ。グッと来た。自分じゃ後悔だらけだったけど、そんなこと吹き飛ぶくらい、この作品に出られたことが嬉しかったし、北野監督のことが誇らしかったね。

公式上映のあと、すぐいろんな新聞に「『HANA－BI』北野ショック」とか「北野ブルー」とか大きく記事になって、北野監督はずっと取材を受けてた。1日、200本くらい取材を受けてたと思う。

俺たちはみんな、『これは、もしかしたら、もしかする……？』っていうワクワクとソワソワする高揚感に包まれっぱなしだった。

そしたら、案の定……金獅子賞を受賞！『HANA－BI』はベネチア映画祭の最高峰、グランプリである金獅子賞を受賞したんだ。

北野監督は一人、部屋で結果を待ってた。そこに北野組のスタッフが部屋のドアをトントンってノックして報告する形だったんだけど、監督がちょっと照れくさそうに言ったんだよね。

「じゃあ、俺も映画の歴史に残るかね？……いやぁ実をいうとさ、持ってきてたんだよ、シャンパン。まったく冷えてないけど」

そう言って、部屋の奥から大きなシャンパンを出してきたの。

そのシャンパンは俺が開けた。ボンッとコルクが飛んだ瞬間、ブワ〜ってたくさん溢れ出て、慌ててみんなのグラスに注いで乾杯して……。

確かにシャンパンはぬるかったけど、あれは生涯で最高の味だったね。今までどこで飲んだシャンパンよりもうまかった。

シャンパン飲みながら、北野監督が俺に言ってくれたんだ。

「寺島は粘り勝ちだな」

俺、ますます胸がいっぱいになったよ。

ちょうど北野監督と出会って10年近く経っていた。役者未満だった俺が、迷いながらも、がむしゃらについて行って、粘って粘ってやってきたってことが、パッと花を咲かせたみたいな……そんな思いがした。

北野映画は『ソナチネ』のころから海外でも有名だし、すでに人気もあった。でも『HANA-BI』で世界一を取って、名実ともに世界の北野になったと思う。その瞬間に立ち会えたことは俺の大きな財産だね。まさに粘り勝ち、かな。やっぱり大事なのは行動すること。行動力で今の俺があると思ってる。

脚本を読んで鳥肌が立った、『BROTHER』

ただ、やっぱり『HANA－BI』の後悔は俺の中で消えなくてさ。はぁ、もっとやれたのになぁって……俺、意外と繊細なのよ。

そんな思いを抱えたまま、2年後に来たリベンジのチャンスが『BROTHER』だったんだ。

最初に台本を読んだときに、鳥肌がブワ～っと立ったのを覚えてる。だって、たけしさん演じるヤクザの親分・山本に忠誠を尽くす舎弟の加藤が、俺そのものだったから。

加藤はアメリカに渡ったアニキの手助けをするために自分もすべてを捨てて追いかけていく。俺も何年か前にたけしさんを追ってアメリカまで行ったし、北野監督に忠誠を尽くしたいと思ってるのとまったく同じなの。加藤の生き様から何から。

この役を俺がやらずして誰がやる！　絶対にキメてやる！　って意気込んだよ。それができる自信もあった。

『BROTHER』は北野組初の日米合作で、撮影も初のロサンゼルス。ハリウッドのスタッフと合同でやるんだけど、でも北野組のスタッフはたくさんいるし、撮り方もいつもの北野組のやり方と同じだし、感覚的にはちょっと遠い地方ロケに行った感じだった。だからそんなに緊張してたわけじゃないけど……。

ハリウッドに到着して最初に撮った俺のシーン、NG23回！　北野組のNG回数の新記録を出しちゃったよ。

まぁ、俺のせいばかりじゃないんだけど……それはビルの屋上に俺とたけしさんが並んで、俺が紙飛行機を飛ばすシーンだった。ゆっくりと飛んで落ちていく紙飛行機を長回しで撮るんだけど、ビル風の影響でなかなか思ったとおりの軌道で飛ばせないわけよ。向かいのビルから構えてるカメラマンから何度もNGが出て、もう、俺汗びっしょり。最後はビタビタに汗かいてた。別に俺がセリフとちったとかじゃないけど、飛ばす役は俺だからさぁ、やっぱり責任も感じるよね。

初日からこれかよ……って焦ったけど、日本とアメリカのスタッフが集まって、急いで紙飛行機を作ったことがきっかけになってコミュニケーションがとれやすくなったみたいでよかったよ。まぁまぁ、冷や汗をかいたのはそれだけだったかな。

その紙飛行機のシーンはすごく印象的ないいシーンなんだよね。ちなみに、ＯＫカットは日本のスタッフが作った紙飛行機だった。

男二人がビルの屋上から紙飛行機飛ばすって、なんとなくノスタルジックな感じもするんだけど、実はこのシーンに監督が込めた意味はそれだけじゃないらしい。

この映画には裏テーマがあってさ。

太平洋戦争における日本とアメリカの暗喩がいろんなところに出てくるの。監督は「パロディだよ」なんて言ってたけど。

だから、日本人の役名は役割を象徴するような軍人の名前がついてる。たけしさんの「山本」は、真珠湾攻撃を指揮した「山本五十六」から、俺の「加藤」は加藤建夫陸軍少将から来てるんじゃないかと思う。

加藤少将は太平洋戦争の初期にスーパーパイロット集団、加藤隼戦闘隊を率いて、最後は自爆した人なんだよ。

だから、俺が飛ばした紙飛行機がゆっくりと揺れながら落ちていく……それは日本が辿る運命の象徴なんだろうね。

紙飛行機を飛ばしてるシーンを撮ってる間、俺の中でずっと軍歌が鳴ってた。戦闘機の音も聞こえたような。

一方で、加藤には笑えるシーンがいくつかあるんだ。

一つは、デカい黒人に交じって俺がバスケするシーン。やる気満々で上半身裸になって「パス、パス！」とか言ってるのに、全然、俺にボールが回ってこないの。俺は相手に蹴り入れたりしながら、でもすげえ楽しそうにやってるんだよな。

もともとは台本にないシーンなんだけど、北野監督が演出を始めてさ。

「バスケの反則技全部使っていいから」って。

だからむちゃくちゃやってるよ。

もう一つもやっぱりバスケで、デカい黒人と二人でシュートして遊んでるシーンがあるんだけど、そこはこう言われてた。

「何かあったらとにかくマイケル・ジョーダンって言えよ」って。

だから俺「アイム　マイケルジョーダン　ユーノー？」とか言い続けてるんだけど、完成したのを見たら、いい感じで相手と噛み合ってなくて、でもなんか一生懸命お互いにコミュニケーション図ろうとしてる感じもあって、微笑《ほほえ》ましいシーンになってたよ。

スタッフ曰く、俺のバスケのシーンは、監督、けっこうご満悦だったらしいよ。加藤は親分に忠誠を尽くすことしか考えてない融通の利かない男だけどさ、こういう男の子みたいなかわいらしい面もあるのよ。緊張感漂う中のホッと安らげる場面。そういう意味ではちょっと『ソナチネ』の相撲コントのシーンみたいな感じなのかもしれない。

そのあとで、加藤はなかなか壮絶な展開を迎える。

あれは見てる人はビックリするだろうね。でも、俺はすごくスッと入っていけたよ。それができたのはひとえに完成度の高い台本の為せる業だよなぁ……。加藤ならそうするだろうなぁって自然に思えたの。俺が余計なことを考えてやらなくたって、台本どおりにやれば、加藤と一つになっていけた。だからなんの迷いもなかったよ。

おかげさまで最初から最後まですごく集中することができた。そうなると肩の力が抜けてのびのびと演じることができる。自信がなくて迷いまくった『HANA-BI』のときとは大違いだったよ。

だから、やっと自分の中で『HANA-BI』の心残りを昇華することができた。『BROTHER』は毎日映画コンクールとか、日本プロフェッショナル大賞、北野監督が審査委員長を務める東京スポーツ映画大賞の助演男優賞もいただけた。それも北野監督が上手に俺のキャラクターを活かして、こういう機会を与えてくれたからで、本当に感謝しかないですね。

そうそう……ちょっと話はそれるけど、京都の仕事で撮休の日、俺にとって、運命の出会いがあったんだ。

あれは京都造形芸術大学に空手の試合を見に行ったときのこと。会場の客は、どう見てもそのスジのモンだろっていう、〝輩《やから》〟みたいなのがたくさんいたのよ。試合が終わって喫煙所でタバコを吸ってたら、さっき会場で見たようなゴツイ男が声をかけてきたんだ。

「寺島さん、一緒に写真撮ってください！」

まだ暴対法なんてない時代。まぁいいかと思って、ツーショット写真を撮ったんだよ。でも、なんだかやたらと人懐っこくて……。それで、ちょっと話をしたら、見た目と違って、すごく感じがよかった。同い年だってことも分かった。やっぱりというか、昔はヤンチャだったけど、今はまっとうに暮らしてるらしくて、ちょうど真面目になろうと決めたころに『ＢＲＯＴＨＥＲ』を見たんだって。それで、思うところがあったんだろうね、すごく感動したらしい。なかでも俺が演じた加藤って役に感銘を受けて「誰だ、この役者は！」って興味津々だったわけ。そこに俺が登場したもんだから、もう居ても立ってもいられなくなったんだね。

結局、話が盛り上がって連絡先を交換したんだ。それが、通称ノンちゃん。滋賀県副生物協同組合っていう、近江牛のホルモンなんかを扱う県の施設の事務局長をやってる真面目な男で、家族ぐるみのお付き合いをさせてもらってるんだ。今では唯一無二の親友になってるよ。だから、公私ともに『ＢＲＯＴＨＥＲ』はいい縁を運んできてくれたってことだね。

『ソナチネ』がつなげてくれた、同世代の才能たち

北野監督は俺を役者にしてくれただけじゃなくて、たくさんの才能豊かな若い監督との出会いにもつなげてくれた。

『ソナチネ』のあと、俺の初主演作となる映画『おかえり』を撮った篠崎誠《しのざきまこと》監督とは、友達に誘われて行ったジョン・カサヴェテスの写真展で知り合った。

「『ソナチネ』に出てた俳優さんですよね？」って声をかけてくれたのが篠崎さんで、

お話をして、それから飲みにも行くようにもなって。同い年だったし、映画の話で仲良くなったんだよね。

ある日、飲んだ帰り道、俺に言ってくれたんだ。

「また自主映画を撮りたいんですけど、そのときは出てもらえますか？」

「もちろん！　じゃあ一緒にやろうよ！」

それが『おかえり』につながっていったわけ。

二人で吉祥寺《きちじょうじ》のデニーズに集まって、内容についてああでもないこうでもないってよく話し合ったなぁ。

このときも思えば青春だよな〜。

北野組と並行して、そういう俺の青春もあったわけだよ。

若かったから、お互い内容で行き詰まって喧嘩になりかけたこともあった。『おかえり』は夫婦の話なんだ。心の病を患ってしまった妻に戸惑いながらも、なんとか受け入れようとする夫を俺が演じていて。男と女の話だから、どんな恋愛観や女性観を持ってるかによって「こういうときはこうするんじゃないか」って行動も変わるじゃない。俺と篠崎監督の考え方も同じではないから、そういう細かい部分の意見のすり合わせとかで、結局、半年くらいかけて台本を仕上げていったと思う。

まぁカネはないけど時間はあったからできたことだよね。北野作品の時系列で言うと、『ソナチネ』と『みんな〜やってるか！』くらいのときだ。

でもいざ撮影に入ると、チームワークはばっちりだったよ。スタッフも役者もファミリーみたいでね。低予算だし、舞台となる家も篠崎監督の知り合いの家を借りてた気がする。いかにも自主映画って感じだよなぁ。でも、そういうのも新鮮でさ。

俺もチンピラじゃない普通の男の役なんてほとんどやったことがないし、難しかったよね。

よく覚えてるのは、監督が撮るのに夢中になりすぎちゃうこと。昼飯を挟まないでやろうとするから「ここで休憩しないとスタッフ持たないよ」って、休憩を入れさせたりしてた。

その作品で東京スポーツ映画大賞新人賞をもらったの。その吉報は、ウェスタン村の楽屋でウェスタンショーの先輩から聞いたのを覚えてる。さっきも言ったけど、北野監督が審査委員長を務めている賞で、俺はすでに32歳になっていたけど、新人賞が本当に嬉しかったよ。

なんせ役者として初めてもらう賞だったから。

北野監督は『おかえり』を2回も見てくれたらしい。よく心の病のことを調べて、しっかり物語に落とし込んだよなぁって内容にもすごく感心してたよ。女性からの評判も良くて……まぁ妻を受け入れるシーンに俺が本来持っているロマンチストな部分が垣間《かいま》見えるんじゃない？　いくつになっても男ってのは、女性を見守る存在でありたいもんなんだよ。そういや、話は飛ぶけど『プレバト!!』という番組で絵手紙を描いたとき、鑑定の先生が俺の絵を見て「この人は真面目でロマンチストです」って言ってた。司会のダウンタウンの浜ちゃんは「ただのヤクザや！」って言ってたけど。分かる人には分かるんだな。

『おかえり』は海外の映画祭でもたくさん上映されて、東スポの新人賞以外にもベルリン国際映画祭最優秀新人監督賞、ギリシャのテサロニキ国際映画祭最優秀監督賞、カナダのモントリオール国際映画祭国際批評家連盟賞とか、たくさん賞もいただいた。そのおかげで俺もたくさんの海外の映画祭を体験することができたね。

そこでは、またたくさんの素晴らしい出会いに恵まれて……。

是枝裕和監督、ジャ・ジャンクー、アジアのスター監督たち

ロンドン映画祭では是枝裕和《これえだひろかず》監督に初めて出会った。是枝監督はデビュー作の『幻の光』で来てたんだけど、その映画がすっごくよくってさ。俺、その感想をどうしても伝えたくて監督をつかまえて話を聞いてもらったんだけど、しっかり俺の感じたことを受け取ってくれてね。そんな交流があって2作目の『ワンダフルライフ』に呼んでもらったの。

今度はその『ワンダフルライフ』がフランスのナント三大陸映画祭や、アルゼンチンのブエノスアイレス映画祭でグランプリを取った。俺もブエノスアイレスに行かせてもらったんだけど、日本からはトランジットも入れたら48時間くらいかかるのよ。もう、着いてからは時差ボケでボ～っとしてたんだけど、ふと見ると、俺よりもボ～～～っとしてるアジア人がいるわけ。背の低い男でさ。俺、なんか面白くなって聞いたの。

「どっから来たんだよ」

「中国から来た」

「どれくらいかかったんだよ」

「52時間……」

会話をしながらヨロヨロしてたよ。そんな交流を持った彼は……数年後、ベネチア映画祭で金獅子賞を獲るジャ・ジャンクーだった。

今や大人気監督になってさ！「俺のこと使って♡」って言っとけばよかったよ。


思えばいろんなハプニングもあったなぁ。

第1回釜山国際映画祭では、エジプトの映画祭から送られてくるはずの『おかえり』のフィルムが届かないって事件が発生したの。このとき俺は日本にいたんだけど、現地入りしてる篠崎監督から俺のアパートに電話がかかってきてさ。

「もし時間空いてたら、フィルム持ってきてくれない？」

って。なんせひまだからさ。交通費と宿泊費出してくれるっていうから急いで持っていってたよ。ギリギリ上映に間に合って、せっかくだから舞台挨拶も出たんだけど、監督が「今、主演俳優が日本からフィルム持ってきました」って言ったら、うお～ってすごい盛り上がってね。こういうハプニングも〝祭〟って感じで面白いんだ。

　釜山映画祭は熱狂的な観客が多くて嬉しかったね。映画館界隈を小学生くらいの子がうろうろしててさ。聞くところによると、学校の先生が「授業はいいから映画祭に行ってこい！」って、自国の映画祭を盛り上げる努力をしてるんだって。日本も見習ってほしいね。


　この釜山映画祭では、帰国する途中でも大きなハプニングが起きた。

　無事に飛行機に乗って、成田空港の上空まで戻ってきたのに着陸できなくなったの。「大きな台風が接近している影響で、着陸が不可能になりました」ってCAさんのアナウンスが流れてさ。いったん福岡空港に着陸して、給油して台風の通過を待って成田に向かうことになったんだけど、これがかなりの時間、待機することになって……。やっと台風が東北方面に抜けて、福岡空港から成田空港に戻ったときには、新宿行きの成田エクスプレスは最終便を残すのみ。でもこれでやっと家に帰れる、と一息ついたら、そこでまたハプニング！

　乗っていた成田エクスプレスが急にストップしたと思ったら、アナウンスが流れたの。

「台風の影響で線路の上に倒木があり、その撤去作業に時間がかかっております」で、また車内で待機だよ。

さすがに自分の中で、不安と焦りみたいなものが込み上げてきた。俺、次の日、早朝から初のCM撮影があったんだよね。だからなんとしても今夜中に帰宅したかったの。だから、しばらく待って動き出した電車のスピードが、やけに遅く感じたのをよく覚えてる。

とにもかくにも、なんとか新宿駅に到着したのは夜中の1時過ぎ。小田急線の終電も終わってしまって、しがみつくようにタクシーで帰宅したんだ。

翌日は、台風一過で見事な快晴。川沿いの土手で競馬雑誌のCM撮影だったんだけど、その監督が石井克人《いしいかつひと》監督だった。

「初めまして、寺島です」

俺がそう挨拶すると、石井監督はこう言ってくれた。

「北野監督の『ソナチネ』を見て、一度寺島さんとご一緒したかったんです」

優しい笑顔とともに、なんとも言えない包み込むような温かい雰囲気があってね。そうやって迎えられると、昨日からの疲れや、ちょっと引きずってた不安な気持ちが、スパッと吹き飛ぶような感じがして、スーッと石井監督の演出に入れたんだ。

そんなご縁があった石井監督には、映画『鮫肌男と桃尻女』にオファーしていただいて、その後も『茶の味』や『ナイスの森～The First Contact～』とか数々の作品でご一緒させていただいた。

もう出会って25年以上経つけれど、石井監督の雰囲気は昔と変わらず、いつもニコニコ笑顔で「ハイ、本番」。

先日もとあるCMでご一緒させていただいたの。お互い年齢を重ねて白髪も出てきたけど、あの石井スマイルは昔と変わらなかったね。楽しみながら、なおかつ親身になって作品作りに対応してくれるから信頼できる。そんな石井克人監督も恩人の一人だね。

SABU監督が広げてくれた新しい可能性

そんな思い出のある釜山映画祭だけど、2度目はSABU監督の『幸福の鐘』で参加したの。

これは俺の主演作。北野監督は言うまでもないけど、SABU監督も俺のことをすごくかっこよく切り取ってくれる、恩人の監督なんだよ。作品も素晴らしいし、出会えたことに感謝してる人の一人だね。

ＳＡＢＵ監督とは、初監督作品『弾丸ランナー』の完成披露試写を見に行ったのが出会いのきっかけ。俺はまだウェスタン村でバイトしてたころだったから『キッズ・リターン』に出たか出なかったかくらいだったと思う。

見終わってロビーに出たら、出演者とか監督がたむろしてたんだよ。これはチャンスだと思って「初めまして、寺島進と申します」って挨拶をしに行ったの。映画、すげえ面白かったから「最高に面白かったです。ぜひ、監督の作品に出たいです」って、正直な思いを伝えさせてもらった。

そしたらストレートな思いが伝わったのか、ＳＡＢＵ監督の次の作品『ポストマン・ブルース』に呼んでくれたんだよね。

そのあとも『アンラッキー・モンキー』『ＭＯＮＤＡＹ』と続いて、『ＤＲＩＶＥ』ではすごくいい役をいただいて。

でも、難しいシーンがあってさぁ……。それは俺が演じる男が、思いがけずパンクロッカーのライブのステージに出ちゃって、ブーイングする客席に向かってまくしたててるうちに、観客と一体化してどんどん盛り上がっていくって場面。

　セリフ量が多いから覚えるのも大変だし、パンクのリズムに合わせてまくしたてなきゃいけないのに、うまくノレないしで、こりゃあホントに監督がイメージしている世界を成立させられるのか、不安になった。

　そしたらSABU監督がライブハウスを借りて音を出しながら練習する、自主トレに付き合ってくれたんだよ、マンツーマンで。オマケに、練習が終わったらSABU監督の家にも招待してくれた。で、奥さんがトンカツを揚げてくれてごちそうしてくれたんだけど、うまかったなぁ……。

　SABU監督がまた自慢気に言うわけよ。

「うちはいつもこういううまい飯、食べてんだよ」

　なんてさ。俺なんて独身のころだったからホントに羨ましかったよ。

　そのライブシーンはおかげさまですごくいいシーンになって、この役があったからこそ、次の『幸福の鐘』につながったのかもしれない。

とんでもない難役に挑んだ主演作。主演で学んだこと

ＳＡＢＵ監督の作品はデビュー作から『ＤＲＩＶＥ』まで、ずっと堤真一さんが主演を務めてきた。それらの作品で世界的に評価されてきた流れがあるから、『幸福の鐘』で俺に主役を任せてくれたときは、驚いたのと同時に嬉しかったねぇ。

ただ、ほとんどセリフがない役だったのよ。

まぁ、言ってしまえば、芝居ってセリフである程度ごまかすことができるんだ。ところが、しゃべらないわ、受けの芝居が多いわでまったくごまかすものがないわけ。

これぞ難役！　って感じの役だったよ。

でももうね、共演者に感謝ですよ。篠原涼子《しのはらりょうこ》さんとか、益岡徹《ますおかとおる》さん、西田尚美《にしだなおみ》さん、みんないい芝居をしてくれた。そのとき思ったの。主演って、共演者が光ってこそ、その光で照らし浮かび上がらせてもらえる存在なんだなぁって。そういうことは主役をさせていただけないと分からなかったことで、ホントにありがたいと思ったよねぇ。

ラストシーン近く、砂浜で朝日が昇ってくるシーンがあるんだけど、そこがクラン

クアップだったの。そのとき監督がポロッと泣いた……ように見えて……それはすごく印象に残ってるね。

ちなみに、うちの長男坊が生まれたときに、マスコミ向けのＦＡＸに「幸福の鐘が聞こえる気がします」ってコメントしたの。この作品をもじったんだけど、まぁ分かる人は分かってくれたらいいなって思ったんだ。

主演作で言えば、熊切和嘉《くまきりかずよし》監督の『空の穴』も思い出深いな。

あるとき『おかえり』の篠崎監督が、熊切監督と俺と3人での飲みの席をセッティングしてくれたの。熊切監督の『鬼畜大宴会』を見てたから、とんでもない映画を作ったヤツってことは知ってた。だからどんな危ない男が来るんだろうって思ったら、ものすごくまっすぐな青年でね。熊切監督がまだ大阪芸大の学生のころに『ソナチネ』を見て、俺と一緒にやりたいって思ってくれてたって話を聞いてさ。そういう交流もあって、熊切監督がぴあ映画祭のＰＦＦアワードを受賞してスカラシップで撮ることになった『空の穴』に出ることになったんだ。

監督初の商業映画だけど、熊切組のスタッフは8割方大阪芸大の仲間だったんじゃないかな。だから、カメラのピント合わすのも照明を準備するのも時間かかって、もう〜、大変だったよ。俺、現場でガミガミ怒ってたもんね。動線にスタッフの靴が散乱してるのを見て「ちゃんとやっとけよ、コノヤロウ！」とか言って。

そういうこと言う人も必要だから。

でも、出演者が宿泊してた民宿のメシがうまくてさぁ。夏のオール北海道ロケだったんだけど、鮭とかイクラとか北海道ならではのおいしいものがあって、食うものには困らなかった。北海道ロケはいいなと思ったよ。

『空の穴』は不器用だけど、まっすぐで誠実ないい恋愛映画になったと思う。この映画もベルリン映画祭とかいろいろ行ったんだよな。ロッテルダム国際映画祭では国際批評家連盟賞ももらった。

こうして振り返ってみると、ホントにいろんなご縁をいただいて、いろんな経験をさせていただいてると思うよね。もちろん、ここに書ききれないくらいの思い出があるんだけど。

もう一人、どうしても書いておきたいのが三谷幸喜《みたにこうき》監督のこと。

2000年代は俺自身、昔より洋画、邦画問わず、よく映画を見るようになってた。

当時、なかでも面白いなァ～っと思ってたのが三谷幸喜監督の作品だったんだけど、俺みたいなタイプはまず三谷組からは呼ばれないだろうなって思ってたの。でも運命のいたずらってあるんだね。『有頂天ホテル』って映画でオファーが来たんだよ。そのときはすげえ嬉しかったことを覚えてる。

三谷監督とは衣装合わせで初めて顔を合わせたんだけど、シャイなのか目を合わせてくれなかった。でも台本を読んだ感想とか話すうちにだんだん打ち解けてきてね。いざ演出を受けてみたら、細かいけど的確で説得力があるんだ。長回しも多いから、スタッフ、キャストの一体感が現場で生まれる気がして心地よかった。

そのあとやった『ザ・マジックアワー』も楽しかったし、三谷さんが脚本を担当したNHK大河ドラマ『真田丸』では、出浦昌相《いでうらまさすけ》っていう素晴らしい役を書いてくれた。最新作『記憶にございません！』でもオファーしてくれて……俺、本当に運がいいというか、ご縁に恵まれてるんだよなァ。

油断大敵、北野組

新たな出会いに恵まれる一方、北野組では引き続いて『監督・ばんざい！』とか『アキレスと亀』とか呼んでもらってたけど、あの独特の緊張感は変わらないよね。

その緊張感の中で、自分が今やれることを出し切る。それだけだ。

ただ、昔と比べて台本に忠実にやるようになったとは聞くようになった。

だから、その噂がちょっとした油断になったんだろうね……。

あれは『ＴＡＫＥＳＨＩＳ'』のとき。

『ＴＡＫＥＳＨＩＳ'』は、ちょっと変わった面白い映画でさ。たけしさんは、芸能界の大物として成功してる「ビートたけし」と、うり二つの売れない役者の「北野」の二役を演じるんだけど、この二人が顔を合わせた日を境に、「北野」は「ビートたけし」の演じる映画の世界へと迷い込んでいく……という、複雑な構造の物語なのよ。

俺は役者を目指してる「北野」が住むアパートの隣人で、気のいいチンピラの役をいただいてた。で、俺の彼女役は京野《きょうの》ことみさんでさ。

その日は俺、台本に1行しかセリフがなかったの。だからまぁ、余裕だなと思ってちょっとタカをくって現場に行ったんだ。そしたら、朝イチで北野監督がやってきた。

「京野さんと漫才やってくれる？　台本書いたから覚えといて」

そう言って渡された台本には、いきなり3ページぐらいのかけあい漫才のシーン！

マジで焦りまくったよ。

とりあえず必死に漫才のセリフを頭に入れて、メイクしながら、京野さんとかけあい漫才を合わせてた。そしたらせっかちなのかなんなのか、まだ来なきゃいいのに北野監督が入ってきちゃって言うわけ。

「よお、ちょっとやってみてよ」

待ってよ、今覚えたばっかだよぉ！　そう思ったけど、とりあえず見てもらったら、ニコニコ笑いながら言われた。

「うん、京野さんOK。寺島はダメ！　もうちょっと頑張れ」

またメイク中に練習して間を合わせて……で、メイク終わったらいきなり本番。

その結果は……一発OK！　嬉しかったね～。でも、生意気なことを北野監督に言ってみたんだ。

「監督、これ、もうちょっとだけやらせてもらえませんかね。自分の中で納得いかないですけど……」

そしたらきっぱり言われたよ。

「お前が納得いくまでやったら日が暮れちまうよ。さ、次やるよ！」

は〜。大きなため息。もっとやれたのに……って、そんなことの繰り返しだよね。

ただ、いいシーンも出せたと思う。

テレビ局で、スターの「ビートたけし」さんに、俺が「北野」を指さして「こいつにサインしてもらえませんか」ってサインをもらうシーンがあったの。「ビートたけし」さんはさらさら書いてくれて、俺が「北野」に、「もらってよかったな、この野郎！」って言うんだけど、そのとき監督が俺に「〝北野〟に一発蹴り入れて」ってアドリブの演出をつけてくれたんだよね。だから、俺、「北野」の尻をバーンッて蹴ったの。けっこう、思いっきりやらせてもらったよ。

カットがかかったあと、北野組のスタッフは大笑い。で、みんなに言われたよ。

「寺島くん、私情を挟んでるんじゃないの、今の蹴り方」って。

監督もゲラゲラ笑ってた。

「そんなことありませんよ！」

焦る俺に対して、北野監督も「なんかさっきからケツ痛えんだよなあ」とか乗ってくれたりしてさ。ま、勇気がいる蹴りだったけど、それをやらせてくれるのがありがたいじゃない。

昔、北野監督が言った言葉なんだけど、映画のいいところは「再会する場所がある」ってことだって。それぞれが経験を深めて、また違う作品で出会えるのが映画の醍醐味なんだって教えてくれたの。

まさに、この作品はそういう再会だったと思う。

よし、俺も頑張ってまたここに戻ってくるぞって、そう思えた出来事だった。

運がよかったからここまで来た

剣友会はアクション要員で役者にはなれないっていうレッテルを貼られてたから、そのレッテルをはがすのも、俺の仕事だと思ってやってきた。

北野監督に出会って北野組に染め上げてもらって、ようやく役者として歩き出せて……こうして振り返ってみると、本当に育ての親だと思うよね。感謝しかないです。あるとき、北野監督とお酒を飲んでるときに映画の話になって、こんなことを言ってくれたの。

「寺島はあれだな、北野映画の歴史だから」

もう、ドキ〜ッ！　とするくらい嬉しくて。嬉しくて、嬉しくて……。

本当に人生は出会いだなぁって思うよ。人との縁をどう活かすか。生かすも殺すも己次第。

自分自身に「絶対にできる」という暗示をかけてここまでやってきたけど、この運の強さでみなさんに助けてもらいながらなんとか自分の道を進んできたと思う。

自分で言うのもなんだけど、俺はすごく運がいいんだ。

誰に聞いたか忘れたけど、運の数っていうのはみんな生まれた瞬間から平等なんだって。たとえばみんな10個の運を持ってるとする。けど、それをどうやって使うかによって、その後の展開が変わるってわけだ。

10の運を10で終わらせるのか、はたまた人のご縁につなげて100にも1000にも増やすのか……。

俺がギャンブルをやらないのは、ギャンブルで運を使いたくないから。剣友会時代はやってたんだよ。エイトポーカーとか、事務所にいる何人かで晩飯代かけて。またそれが強かったのよ、俺。

先輩に「お前は博才あるなぁ」なんてよく言われてた。だから俺、ギャンブルやってたらヤバかったかもしれない。それを自覚してからは、少しでも仕事以外で運を使ってしまわないように、宝くじも買わない。運は大事なときのためにためておきたいと思って……。

いい役をいただいたってことも運がいいけど、それに応えなきゃ道は拓けない。常にベストの状態でありたいと思ってるよ。

第五章

「幸福の鐘」が鳴る

ドラマと映画の懸け橋に

俺さ、「映画俳優になりたい」って、ずっと思ってた。

ま、今はもう「映画俳優」なんて言葉自体、滅多に使われないんだけどさ。寺島進って名前がそれほど知られてないころ、街で「あ、映画に出てる人だよね？」って声かけられるとすごく嬉しかった。

本当は映画だけで食っていきたかったの。

でも、２０００年を過ぎて、２００３年くらいからだんだんとテレビドラマのオファーが増えてきて。

最初は生意気にも断ったりしてたんだけど、あんまり声をかけていただけるから、じゃあテレビの世界もやってみようかなと思ったんだよね。

面白い作品や素晴らしい演出家と出会うようになって、だんだんと意識が変わってきたのもあった。

２００５年には『踊る大捜査線』シリーズのスピンオフで、映画『交渉人　真下正義』のスピンオフドラマ『逃亡者　木島丈一郎』で主演を任せてもらった。

あのころはまだ時間があったから、監督と脚本家と入念に打ち合わせをさせてもらってね。台本の内容とか、俺がやった木島丈一郎のセリフ回しとか、いろんな自分のアイデアも聞いてもらったなぁ。また監督が、このドラマでデビューする人だったの。波多野貴文《はたのたかふみ》さんって人で、今じゃ立派な監督さんになったけど。

しっかりと仕込みに時間をかけたから、本番ものびのびやれてすごく楽しかったね。何事も仕込みが大事。そこがしっかりしてないと、本番で右往左往して現場がストップしちゃったりする。そういうことってわりとあるのよ。でもなるべく避けたいからね。

おかげさまでたくさん宣伝もしていただいて、視聴率もよくて、いろんな人に見ていただけたからフジテレビさんには感謝だなぁと思ったよ。

反響の大きさでいうと、そのあとやった『アンフェア』もすごかった。

やっぱり、役者にとって何が嬉しいかって、台本が面白いときなのよ。『アンフェア』は、ホントに面白かったんだ。その脚本家、佐藤嗣麻子《さとうしまこ》さんは天才だと思った。

ラストに向けてどんでん返しがあるんだけど、ほとんどの出演者はそのことを知らされてなかったわけ。

だから、話が進むにつれて、俺たちも「え、この先どうなるの？　どうなるの？」ってソワソワして、新しい台本を読むのが待ち遠しかった。

出演者でさえそんな感じなんだから、ましてや視聴者は、俺たち以上に毎週、ドキドキワクワク楽しんで見てくれただろうね。

また主演の篠原涼子さんの、周りへの気配りが素晴らしかったのをよく覚えてる。

そのころから「ドラマを見てファンになりました」っていうファンレターがたくさん届くようになったの。

ドラマで俺を見てファンになってくれた人が、手紙で「今まで洋画ばっかり見てたんだけど、寺島さんの出ている日本映画を見ているうちに、面白いものがたくさんあるんだって気づきました」なんてことを書いてくれるわけ。

俺のドラマがきっかけで、昔の映画にまた光が当たって見てもらえるんだってことがものすっごく嬉しくてさ。なんか、そこも感動したんだよね。

映画のいいところは海外の人にも見てもらえるし、形としてずっと残るってこと。

それにわざわざ映画館に足を運んでくれたお客さんは集中して見てくれる。やっぱり、そのぶん一体感があるよね。俺はそこが大好き。

一方で、テレビのいいところは映画よりも確実に多くの人に見てもらえること。視聴率が10%あれば1000万人が見てるんだってね。それだけ面白いものを作れば、反応が面白いように返ってくる。どんなに面白い作品でも、見てもらわないことには始まらないからね。

で、俺がもらったファンレターみたいに、ドラマと映画のお客さんを循環させることができたら最高だなって思ったの。僭越《せんえつ》ながら、俺もドラマと映画の懸け橋の一つになれたらいいなと思うようになった。

そのことに気づいてからは、街を歩いてるときに「あ、ドラマに出てる人だ!」って言われても、ありがたいな~、と思うようになったよ。

昔はヤクザとかチンピラばっかりだったけど、最近は刑事役ばっかりだろ? そしたらいい人のイメージになっちゃって、街の人が前より気軽に声をかけてくるようになった。

「映画、出てますよね?」のころは、滅多に話しかけられなかったのに……やっぱ、世間の人はドラマの役のイメージで見てるのかもしれないね。

突然訪れた虚無感

俳優として順調に仕事がくるようになって、40歳を過ぎて、この世界でようやく「ちゃんと食えてる」と言えるようになった。かつての自分が望んだとおりになった。

でも……幸せなはずなのに、なんだかすごく孤独を感じるようになったんだ。

昔の映画俳優はさ、売れたら銀座に飲みに行くっていうのが定番っていうじゃん。俺もやった。そうすれば、この物足りない気持ちが満たされるかもしれないと思ったから。でもダメで、満たされない。

ようは、なんのために仕事してるか分かんなくなっちゃったんだよね。仕事して稼いでお袋を養って、また仕事を頑張る。でも、なんで頑張ってるの？　もう一人の俺が、そう聞いてくる感じ。

余計なこと考えんじゃねえよ。ありがたくいただけるお仕事を頑張ってやってりゃいいじゃん！

そう思うんだけど、ホントに悩んじゃったの。そのときフッと思ったんだよな、後ろから俺の背中を押してくれる人がいたらいいなって……。

俺、身勝手なのよ。

なんせ役者を志して20年以上食えなかった人間だからさ、ちょっと仕事がいただけるようになっても、それが永遠に続く保証なんてないし、甘い世界じゃないことは身に染みて分かってるんだよね。

だから、仕事ってもんは常に俺の中心にあったの。

それは女性とお付き合いをしてたって同じ。真剣に相手と向き合ってるつもりでも「仕事が一番で恋愛は二の次」っていう軸はブレなかった。若いころからそうなんだ。

俺、極端なのよ。

自分で言うのもナンだけどさ、言い寄ってくれる女性もいたじゃない？　でも全然眼中になかった。20代前半の、一番、血気盛んなころなのに。女にうつつを抜かしてる連中もいたけど、俺は色恋沙汰には関心がなかった。暗中模索だけど自分のやりたいことをやっていこうってなかで、頑《かたく》なだったんだね。

仕事が一番の上に、一人になる時間もすんごい好きなのよ。

自分のペースで好き勝手に生きてきた、罰当たりなこともしてきた。そんなわがままな野郎は当然のように一生独身だろうなあと思ってた。

だから『情熱大陸』に出たときも、いろんな番組や雑誌のインタビューで聞かれたときも「結婚願望はないし、結婚しないと思う」って言いきってた。

でも、それもいいかなって。変わり者が多いからさ、この世界。役者やってるやつなんて基本は自分のことが大好き。男がず～っと鏡見てる世界なんだから。いや、俺はそんなに鏡ばっか見てるわけじゃないけどさ。まともな人間だったらサラリーマンやってるけど、そういうことができねえやつらが入ってきてるわけだから。

ところが……人生は思いもよらないことが起こるもんだね。

孤独を癒してくれた人

まぁ一目惚れだよな。

今まで出会った女性と何が違ったかって？　もう理屈じゃねえんだよ。言葉じゃ説明できない、この感覚は。

俺だって、初めての経験で驚いてるんだから。

知人の紹介で初めて会ったとき、こんな美しい人がこの世にいるのかと思った。俺、見惚《みと》れたもん。気持ちがパ〜って舞い上がって……。

向こう？　なんか笑ってたよ。またその笑顔がキラキラしてよ。彼女はあんまり芸能の世界に興味ない人だし、俺のことなんて全然分かってなかった。とにかくすごく堅くて、真面目な人。

だから、そこからは押しの一手だった。

一人の男として必死だったね。それでも、何度か食事に誘ううちに、ようやくデートにこぎつけて……。

初めてのデートは浅草だったの。

東武鉄道の浅草駅。そこの改札で待ち合わせしたんだ。彼女は北千住から乗り換えて来るわけ。だから「一番前の車両に乗りなよ」って伝えたの。改札に最も近いから。

俺は改札で待ってるつもりだった。でも、いざその場に行くと、待ってるのも嫌になって、入場券を買ってホームで待ってたの。せっかちな性格だってのもあるけど、その方がデートの時間が長くなるからさ。

改札まで50歩とすると、50歩分デートが長くなるわけじゃん。ロマンチスト？　まぁ、心底惚れた女に男はみんなそうなるんだよ！

ホントに素直にそう思ってやったことだけど、それがいい方に転がったんだな。彼女は電車の中で俺を見つけて驚いたらしい。改札の外で待ってるはずの俺がホームにいるから。

「え、なんで？」と戸惑ってるうちに、彼女が立つ扉が俺の目の前でピタッと止まって、ガラス窓越しに見つめ合って……そのとき、俺にキュンと来たんだって。あとでそう言ってたよ。

それが、カミさん。

やがてカミさんとの間に二人の子供を授かった。

一人で生きてたときとは、生活のすべてが変わったね。なんのために頑張ってるか分からなくなった、なんて言ってる暇なんてないよ。

家族は、俺に仕事を頑張る新しい意味を与えてくれたんだ。

男は40過ぎてひと皮むける

悩んでたころはちょうど仕事もプライベートも過渡期だったんだと思う。男の40代って過渡期なんだよな。女性の過渡期は30代かもしれないけど、男は10年遅れて来るんだよ。そんなときにカミさんに出会ったのも、ご縁という他ないね。

一目惚れなのは間違いないけど、でも、この人を逃しちゃいけないってピンと来た理由はちゃんとあるんだ。

それはご先祖様を大切にしてるところ。

あるとき、電話したのになかなか出てくれないときがあってさ。ヤキモキしながら待ってたんだけど、やっとつながったら「○○県にいる」って言うわけ。聞き馴染みのない遠い場所だからどうしたのかと思ったら、ご先祖様のお墓参りだった。ちょうどお盆の時分でさ。

俺にとって、ご先祖様を大事にしてる人かどうかってのはすごく大事なことなの。俺もお盆と正月は必ず墓参りに行くし、独身時代、毎朝欠かさずやってたのは、起きたらまず一番水とお線香を、親父とおじいちゃんと松田優作さんと、親父が亡くなった翌年に亡くなった愛犬にお供えすること。寝る前に酒飲むと、朝トイレに行きたくて目が覚めたりするじゃない。でもそれも我慢して、真っ先に一番水をやってた。だから、俺が一目惚れした人が、当たり前のようにお墓参りに行ってる感覚が嬉しかった。やっぱり、そういう思いって自然と合うのが一番いいじゃない。

食の好みも合ったし、空が青くて気持ちいいな〜、みたいな感覚も合った。

たとえばさ、カウンターバーの店に行くと、俺、バーボンを炭酸で飲むのよ。磨かれたグラスの中で弾ける炭酸の泡がキレイで、心の中で『きれいだなぁ。気持ちいいなぁ』なんて思ってると、彼女が横でサラッと「きれいだね」って口に出す。そういう共感。こういうのを「相性がいい」っていうんだと思ったよ。

あと、苦労を前面に出さないところも好きになった。

彼女は長女なんだけど、早くに他界したお父さんに代わって、家族のために頑張ってる苦労人だったの。でも、そういうことは、お付き合いを始めてかなり経ってから知った。

また彼女も職人の娘でね。うちの親父は畳職人だけど、彼女のお父さんは大工さん。なんか、職人の子供同士って感覚も合ったんだと思う。

すごく強い人なんだなぁと思った。そういう、いろんなことの積み重ねで、この人は信頼できるし、俺が守ってやりたいって気持ちが強くなったんだよね。

さぁ、いつ結婚っていう区切りをつけるか……そんなことを思ってたら、決定打がやってきた。

うちはさ……授かり婚なんだよ。順番が逆になってしまったのは、彼女と彼女のお母さんに申し訳なかったけど……でも、それで「あ、もうこれは今なんだ！」と思ったわけ。ちょうど、付き合い始めて2年が経っていた。

自分を奮い立たせた「授かり婚」

彼女から「授かった」って聞いたときは、よくドラマでやってる「ヤッター！」とかいう軽い感覚ではなかったな。

もちろん大前提としてすげえ嬉しい。ただ『俺、人の親になるんだ、これからはもっと頑張らねぇといけねえな』ってしみじみ思ったよ。

また、嬉しいからこその不安もあるじゃない。親になるのも、結婚して夫婦になるのも初心者マークだからさ。ちゃんとやっていけるのかって……。でも前に進むしかないからね。

敢えて自分にプレッシャーを与えて奮い立たせた感じ。

そこからは彼女のご家族にご挨拶に行って、オフィス北野の森社長と北野監督にもご報告をして。お二人には婚姻届の証人にもなってもらった。

事務所が入ってるビルの地下にある焼き鳥屋を貸し切りにして、事務所のスタッフや仲間たちがお祝いしてくれて、嬉しかったね。

ただ、身近な人たちには報告したけど、世間に大々的に発表する気はなかったの。俺が結婚しようが世間の人はそんなに関心ないだろうと思ったし、その一方では、今まで俺を応援してくれたファンもいるわけよ。自分が結婚して幸せだからって、なんかうかれて報告するのもちょっと気が引けて……。

だから事務所と相談して、結婚のことはしばらく伏せておこうって決めてたんだ。


ところが……なんのめぐり合わせか、神様のいたずらか知らねぇけどさ、こんなことってあるんだね。

そんな楽しく祝っていただいた会がお開きになって、俺とカミさんがみんなに見送られながらタクシーに乗ろうとした、まさにそのとき、知らない人間が割り込んできたの。それで、やけに無機質な声で言ったんだ。

「寺島さん、このたびはご結婚おめでとうございます」

「……誰？」

『『FLASH』です」

「え〜〜！」

その場にいた全員、絶叫。

店は貸し切りにしてたんだけど、数席しかないカウンターだけは一般のお客さんを入れてたの。そしたら、そこにたまたま座ったお客が、週刊誌の記者だったらしい。

そんな偶然、ある⁉

でも、もう後の祭り。変に騒がれても嫌だから、だったら先に発表しちゃおうってことで、翌日スポーツ紙で発表することになった。

ま、今となっては笑い話だけどね。

昭和な親父じゃいられない

俺、娘と息子、二人とも出産に立ち会えてるんだ。

お医者さんが言ってたけど、出産って数値で測り切れないところも大きいらしい。

だいたいの予定日は出せても、そこから先は分からない。母体の状態、血液の流れとか、呼吸、赤ちゃん自体も「今出るよ」みたいな、それぞれのタイミングがあるんだって。だからホントに運がよかったんだと思う。

出産ってのは、まぁ〜大変なんだ。一人目のときもそう思ったけど、うちの息子は頭が大きいのよ。だから二人目の出産は娘のときよりも、もっともっと大変だった。

先生も看護師さんも、すごくいいチームワークで頑張ってくれて。俺も「お父さんも協力してください！」なんて言われて、カミさんの背中をさすったり、手を握ったり、励ましたり……俺にできることはなんでもやったよ。それでも、実際に痛い思いをして産んでくれるのはカミさんだから、ホントに祈るような思いだった。

ようやく出てきてくれたときは……。もう、あの瞬間を思い出したら、今もうまく言葉にならない。

俺、頭よくないからピッタリの言葉が出てこないけど……ともかく、娘と息子をこの世に産みだす、大仕事を成し遂げてくれたカミさんには感謝しかないと思った。出産というかけがえのない瞬間に立ち会えたことで、カミさんに対する感謝と尊敬の気持ちは、何年経っても薄れないよ。あの感動は一生忘れられないね。

生まれた瞬間は感動しかなかったけど、子育てはホントに大変なことだらけ。今4歳と9歳だから戦争だもん。毎日『コイツ！ なんで言うこと聞かねえんだ、コノヤロー！』って思いながら面倒見てる。もう、一日一日をちゃんと終えることがどれだけ大変か。でも、コテンって寝ると『ああ、寝顔かわいいな〜』と思うわけ。子供が寝静まってカミさんと二人で晩酌してるときに、ようやく幸せを感じるよね。幸せっていうか、ホッとする感覚。バタバタだったけど、今日も無事終わったなっていう安堵《あんど》感。

子育ては俺も普通にやってるよ。

仕事でいないときも多いから、家にいるときにオムツを替えたりとか、娘の送り迎えとか、どうしても俺ができる範囲になっちゃうけど。でも、できるだけカミさんと協力し合ってやってるつもり。

俺もさ、最初は〝昭和の親父〟をやろうっていう頭があったの。

男は外で仕事をして稼いできて家族を守る。だから、家の中のことは全部カミさんに任せたぞ、みたいな。

まぁ、家のことは何もしない、とまでは思わなかったけど。

当時の俺は、一年の半分は京都でドラマの撮影があったから、うちにいる時間が少なくて、どうしてもカミさんのワンオペ育児になることが多かった。悪いなぁとは思いつつ、でも男は外で働いて稼ぐのが第一だ、みたいな考えもあったもんだから。そしたら、なんかこう……家のリズムがおかしくなりかけたんだね。

こう見えて、けっこう空気が読めるのよ、俺。

『アレ、待てよ？　なんか俺、バランス悪いことしてるな……』って察知して、勝手に「こういうもん」って頭でっかちになってた自分に気づいたの。

昭和の時代はもう終わったんだから、カミさんと協力してやらないとダメだなって。それで、だんだん我が家なりのリズムや空気感が分かってきて、俺もできることはやるようになった。

気づいたことはお互いにやる

一人目のときは京都の仕事にかこつけて、お任せしちゃった部分が多かったから申し訳なかったけど、二人目になると、もう分かる。アンテナ立ててるから、泣き声や様子で子供が何を求めてるのかも分かってきたよ。

オムツもそう。一人目のときは車の免許でいうと若葉マークだよな。慎重に、慎重に運転して、一時停止して、右見て、左見て発進するみたいな感じだったけど、二人目のときは鼻歌を歌いながらオムツ取り替えてたもんね、余裕が出ちゃって。

抱っこしたらオムツの状態が分かるから、替え時だと思ったらすぐに替えるし、あぁ、でっかいのしたね〜、お前、今日は調子いいねぇ〜、今日はコロコロだから水分足りないね〜、とかお通じで体調も分かるようになった。

なんでも気づいた方がやる。ただ、俺ができることなんて限られてるし、主となってやってくれるカミさんのサポートに徹するって感じだけど。それこそカミさんが母乳をあげてるときにお勝手に洗い物が溜まってたら、洗い物をしたり……。

そりゃあ、仕事から帰ってきて疲れてるときもあるよ。でもしょうがねぇよ、自分の子だもん。俺がやることでカミさんが少しでも休めたら嬉しいし、それでうちのバランスが取れればいいんだ。何事もバランスが大事だからね。

なんやかんや言って、男は外に出るから一人の時間って作れるのよ。でも母親はそうはいかないもんね。協力しないと育児ノイローゼになっちゃうから、ちょっとでもできたらなって。二人目が生まれて、ちゃんと手伝うようになったとき、カミさんに言われたもんね。

「一人目のときはちょっとヤバかったよ」って……。

ホントに悪かったなぁって。まぁ、俺もカミさんもちょっとずつ親になっていくんだ。

そう思うと動物ってすごいと思う。誰に教わったわけじゃなく、本能的に育ててるもんな。人間も、理想を言えば自然体でできればいいんだけど……。

カミさんは四六時中子供と向き合いながらも、母親の顔だけじゃなくて、妻の顔も、女性の顔もしっかり持ち続けてる。

俺みたいに不器用な男にはとてもできないから、とことん女はすごいなぁって思うよ。

家族という宝物を得て、人としての幅が広がった

結婚して変わったこと？

一番は人に合わせることを覚えたってことだろうなぁ。彼女のペースに合わせるこ

とを覚えて、子供ができたら子供に合わせることも覚えて。

だから、どんどん我慢することも覚えるわけ。今までわがまま放題で他人に合わせなかった男が……愛ってすごいんだよ！

愛の力は金じゃ買えねえし、ゆるぎない。それで、一歩も二歩も先に進める、とんでもないエネルギー源。

あとは、大袈裟に言うと「見えるもの」も変わったね。

車に乗ってても、自転車に子供を乗せて走るお母さんが目に入るようになった。街中にいるとベビーカーが目につくようになった。

「危なくない？」とか「大丈夫？」とか思うのと同時に、それぞれの家族に、その家族にしかない物語があるんだよなって思うようになった。

誰もがみんな、かけがえのない命で、懸命に生きてる……。そんなの当たり前のことなんだけどさ、家族という宝物をもらって、改めて思うようになった。

「昔と雰囲気が変わってきたね」ってよく言われるようにもなった。「とげとげした感じがなくなって、優しくなったね」って。

確かにそれは俺自身も思う。

今振り返ったら、10年くらい前は、ホントにギスギスしてた。なんかいつもイライラして、周りのスタッフに対するモノの言い方もトゲトゲして……自分が仕事にまっすぐだから、それを人にも求めちゃってた。ストイックって言うと聞こえはいいけど、そこもバランスが大事だと思うようになったよ。

娘がいなかったら戦隊ものに出ることもなかったと思う。

俺が出た『動物戦隊ジュウオウジャー』は、動物がモチーフの戦隊もので、俺は動物専門の彫刻家で動物のコスプレとかもやっちゃうコミカルな役。いつも元気でニコニコ笑ってるキャラだったけど、常にノリノリでやれたね。撮影するカメラを娘の目線だと思ってやってたから。

子供孝行のために出たのは間違いないけど、でも、いざやってみたらすごく楽しかった。戦隊ものってフィルム育ちのスタッフが多くて、映画っぽい撮り方してくれるの。フィルムの匂いがする現場は、俺にとって心地いい現場だからね。そういうことも、やらなきゃ分からない。娘のおかげで一つ経験値上がったよ。

娘も大喜びしてた。

娘の学校に行くと「テレビ出てる人だよね？」とか言われて、俺人気者になっちゃったからな。いろんな意味でいい経験をさせてもらった。

子供が生まれて生活は一変

子供にはすごいエネルギーをもらってる。子供の無垢《むく》なあの反応っつうか、はしゃぎ方とか見てると、忘れかけてた何かを思い出したりするし、あぁ、自分もこんなとこ、あったのかな～とか、自分を客観視できるところあるよね。

すでに娘も息子もしっかり親に似てきてんの。

最近、ドラマ『逃亡者　木島丈一郎』を見せたんだけどさ。娘は感動的なシーンで「泣けてくる～」とか言いながら、冷静に「お父さん、このときは白髪なくてかっこいいね」なんて俺を見ながら言っちゃってさ、笑っちゃったよ。9歳だけどおしゃまさんなのよ。で、やけにしっかりしてるところはカミさんによく似てる。

息子は息子で、すでに俺の江戸弁が移ってきちゃった。

『逃亡者　木島丈一郎』には「メリークリスマスだ、バカやろう」って俺の決めゼリフがあるんだけど、それを覚えちゃって、4歳のガキが口癖みたいに「メリークリスマスだ、バカやろう」なんて言ってるの。

こないだ言うこと聞かないから「言うこと聞け、バカやろう!」って叱ったら、「メリークリスマスだ、バカやろう」って息子に返されて、思わず噴き出しちゃったよ。コイツはこたえてねえな……と思ったけど、まあしょうがないよ、俺の血だな。


あんなに仕事第一だった俺が、家では一切台本を読まなくなった。

仕事終わって家に帰ったら、「はい、家族」の回路。「はい、子供と遊ぶ」の回路。「はい、家族サービス」の回路になっちゃう。

仕事は持って帰らない。台本は移動中とか、喫茶店とか、まぁ子供二人が寝たあとにちょこっとは読んだりすることもあるけど、基本的には回路を変えるの。で、晩酌しながら、カミさんに愚痴とか悩み聞いてもらってアドバイスしてもらう。

やっぱ、50過ぎるとだんだん本音を言ってくれる人が少なくなるからね。ここでしか言えねぇなって相談事もあるし、カミさんのアドバイスはなるほどなぁと思うよ。また、鋭かったり、的確だったりするんだ。

17歳年下だから、世間では「若い奥さんだね」なんて言われてるけど、向こうの方が全然大人なんだよ。

仕事でもなんでも、俺が迷ってるときは前向きにさせてくれる人。

この間も、ちょっとした壁にブチ当たったときにこんなことを言ってくれた。

「先に進もうとしてるから試練にぶつかるのよ。これをクリアできたら一歩上がれるのかもしれないわよ？」

そう言われるとなるほどなぁって。自分の意識がプラスに向かないと、越えられる壁も越えられないからね。

人の悪口は言わないいし、明るいいし、ポジティブ思考だし、やっぱ女性はすごいよ。男の強さとはまた違うニュアンスの強さがあるから。


それに男って……ま、男って限定するわけじゃないけど、外で気を張って仕事をして、疲れて家に帰ってきたら、甘えたいときもあるじゃん。そういうときに、カミさんはしっかり甘えさせてくれる人でもある。きっと、それはお互い様だと思うから、俺も向こうが疲れて甘えてきたら、しっかり受け止められる器でありたいと思ってるよ。

俺、娘にも甘えるときあるもんな。たまに娘が床に正座してテレビ見てると、「ちょっと膝枕させろよ」とか言ってわざと甘えるの。娘は笑ってる。そういう無防備な、弱いところも出せる父親って悪くないでしょ。

家族の絆で、寺島進は第3期へ

よく喧嘩もするよ。

でも、喧嘩っていいコミュニケーションだと思うんだ。

喧嘩って我が出てるんだよ。いつもはバランスが取れてるんだけど、どっちかの我が強くなるから喧嘩になっちゃうわけ。じゃあ、相手がどういうときに我が強くなっちゃうのか、喧嘩をすることで分かるし、俺が自分自身を知って学ぶことも多い。カミさんを通してもそうだし、子供を通してもそうだし……。

また、喧嘩をした回数だけ仲直りもするからね。だから、どんどん家族としての結束が固まってるよ。

苦楽をともにして生きていく運命共同体だもんな。道は平坦じゃないし、スリップすることもあるし、雨も降るけど、でも止まない雨はないからさ。

夢を売る商売だから、あんまり言わない方がいいのかもしれないけど、親孝行、カミさん孝行、子供孝行しながら生きていければいいよね。

子供から見たら俺とカミさんは父親と母親だけど、父親と母親って他人じゃん。だから俺たちはずっと男と女でいようねって決めてるんだ。

出会って10年以上経つけど、カミさんは相変わらずきれいだなって思う。だからお互いのことは「ママ」とか「パパ」とは呼ばない。俺もカミさんのことは名前で呼ぶし、俺はずっと「進さん」って呼ばれてるの。

今はもう、毎日が子育てや生活のことでバタバタしてるけど、でも子育てがある程度落ち着いたらデートしたいねって言って、お互いそれを楽しみにしてる。二人でオシャレして、表参道《おもてさんどう》歩きたいねって。

今は大変だけど、ずっとじゃないからね。子供は成長していくから。

俺、カミさんに言われてることがあるの。

「進さんは下の子が大きくなって落ち着いたらもう一皮むけて色気が出てくるよ」って。うまくコントロールされてるのかもしれないけど、俺もそう思うし、そう信じてる。

独身時代が寺島進の第1期俳優人生だとしたら、今は、家族を持って育児協力してる第2期。これを抜けたら、今よりもっと違う寺島進第3期が表現できるんじゃないかなってさ。

子供が小さいうちはちょっとやれないような役もやってみたいし、多角的に、いろんな仕事にもチャレンジしていきたい。

うちには家訓があるんだ。

息子が生まれたときに「愛、恩義、結束力」というワードが、なんかポーンと出たの。

人間、愛がなけりゃ何をやっても成長しない。

恩義あってこそ義理が立つ。

一丸となる力は家族にとって大切だよね。だから「愛、恩義、結束力」。その言葉がひらめきのように頭に浮かんだの。

倅は俺の跡を継ぐ若旦那みたいなもんだろ。だから、この家訓をちゃんと理解して生きていってほしいから、紙に書いた。そしたら、それを知った高校時代のハンドボール部の飯田先輩が、息子の名前と家訓を書いた提灯《ちょうちん》を作ってプレゼントしてくれてさ。それ、家に飾ってあるよ。

毎日の生活は楽しいことばかりじゃない。普段はしんどいことも多いけど、でもそれでいいんだ。毎日ご褒美があったら、小さな喜びなんて感じられなくなるから。

衣食住の中で「愛、恩義、結束力」そして感謝を忘れない。そういう家族でいたいね。

家族の笑顔ってかけがえのない俺の栄養素だ。

軌跡（2）

是枝監督の『ワンダフルライフ』の台本を読んで、イメージしてえがいた桜と宇宙。

2008 年『歩いても　歩いても』に、寿司屋の店主役で出演。是枝裕和監督とともに。

『GOEMON』（2009年）の服部半蔵の
衣装合わせで、紀里谷和明監督と。

2008年『ザ・マジックアワー』に、マフィアの一員役で出演。スタジオに組まれた広大なセットの一角で。

撮影中、出番を待ちながら。

『怨み屋本舗』の現場で。
役の衣装で台本を読み込む。

『怨み屋本舗』の
リンダちゃんと。

映画、テレビ以外にも、活動は多岐に渡る。一日警察署長に。

ゾウに乗って登場。ドラマのワンシーン。

『刑事ゼロ』（2019 年）の撮影の合間に一服。

シーズン2を迎えた『駐在刑事』（2020年1月放送　テレビ東京）の撮影風景。奥多摩の美しい自然に囲まれて、スタッフとの息もばっちり。

立ち回りも見どころのひとつ。入念なリハーサルを経て本番へ。

地元で“駐在さん”と
呼ばれ親しまれる江波
を演じる。刑事姿がお
なじみに。

撮影終了！晴れやかな表情。

第六章
人生の主役へ

宇仁貫三師匠の死

２０１９年の初め、撮影で京都にいるとき、宇仁貫三師匠の訃報が届いた。

この本でも散々言ってきたけど、宇仁さんは俺の師匠であり、この世界に入るきっかけを作ってくれた人でしょ。宇仁師匠の殺陣に憧れて、K&Uって剣友会に入ったからこそ、松田優作さんや北野武監督というステキな方々とのご縁をいただいて今につながるわけで、ホントに俺の原点なんだよな。だから、なんかこう……俺の中で一つの時代が終わったような、そんな感じがしたね。

師匠は『鬼平犯科帳』や『剣客商売』『必殺』シリーズとか、ホントにたくさんの殺陣を担当してたから、いつのころからか京都に拠点を移したんだけど、京都でばったり会うと、いつも言うんだ。

「俺もまだ現役で殺陣やってるから、また現場で一緒にやろうぜ」って。

最後の会話もそんな感じ。２０１８年に、K&Uの後輩から、師匠が入院してるって知らせをもらってさ。時間見つけてお見舞いに行ったら、喜んでくれてたね。

「退院したらまた殺陣やるから一緒にやろうぜ」って……。それが師匠との最後の思い出になっちゃった。

俺、京都に入って現場中だったのに、偶然にもお通夜と告別式の日は撮影がなくて空いてたの。だから二日とも顔を出せてね。

息子さんから聞いた話によると、師匠は晩年も俺のことを気にかけてくれてたらしい。息子さんに「今日、寺島さんが来てくださったのを、父もすごく喜んでると思います」って言ってもらって、なんか胸がいっぱいになったね。

またさぁ、出棺のときに『鬼平犯科帳』のエンディングの曲が流れるわけよ。これはちょっと……きたねぇ。いろんな思い出が走馬灯のように駆け巡った。出会いのころや、師匠の運転手をやってたころ、俺が役者を志して剣友会をやめたとき、陰でいろいろ言う人もいたけど、師匠は「日本一のチンピラ役を目指して頑張れよ!」ってエールを送ってくれたこと……。

あれは2004年、テレビ東京の新春ワイド時代劇『竜馬がゆく』の撮影現場。初めて「役者」と「殺陣師」という立場で師匠と再会したんだ。K&Uをやめて20年以上が過ぎてた。

俺はもちろん嬉しかったけど、師匠もそう思ってくれてたのかな? そのドラマはけっこうな大立ち廻りがあってさ。

「殺陣ができない役者だと一から十まで教えなきゃいけないけど、テラが来てくれてたから助かったよ。まだまだ動けるな〜」

なんて褒めてくれたんだよね。その言葉を聞いて素直に嬉しかった。あんま面と向かって褒められたことなかったから。

それから『鬼平犯科帳』でもお会いしたし、『剣客商売』でもお会いしたし、最後は『必殺仕事人２０１６』でも会った。俺もなんとか立派な時代劇に呼んでもらえるようになって、ちょっとは恩に報いた思いもあるかな。

時代劇ってお金もかかるし、どうしても制作される本数が減っちゃう傾向にあるけど、殺陣をやるときは少しでも師匠の教えを引き継いでやっていきたいと思ってる。寂しがるだけじゃなくて、向こうの世界で師匠に喜んでもらえるように、残された人間が頑張ることが大切だと思うから。

気づけば座長となり

何年か前には、ある映画の打ち上げで竜雷太《りゅうらいた》さんと同席したとき、竜さんにこんな言葉をいただいた。

「寺島君、頑張ってやってるね〜。君は斬られ役の星だからね」

竜さん『太陽にほえろ！』の現場にいた俺のこと覚えててくれたんだね。星だなんておこがましいけど、でも気づけば『再捜査刑事 片岡悠介』シリーズとか『駐在刑事』シリーズ、『ドクター彦次郎』シリーズとか、俺が主演の2時間ドラマのシリーズもいくつか持たせていただくようになった。

俺がかつてのスターさんになった？ 違うよ、そんなに調子に乗ってねェよ！

でもね、ここにきていろいろ思うことはある。

時代劇が斜陽になって、家族を守るために剣友会をやめて違う仕事についた先輩なんて何人もいるし、病気で亡くなった人、殺陣中の事故で亡くなった人もいる。この世界に残ってる人は本当に少ないよ。

そんななかで、こうやって続けてこられたのはいろんな出会いに恵まれて、本当に奇跡に近いことなんじゃないかって……。

斬られ役が出発点の俺だからこそ、自分が主役となるときは、一生懸命にやらせてもらう。

主役っていうのは座長だから、その組を引っ張っていく責任もある。せっかく現場がいい雰囲気なのに、一人だけヘンな空気を出したり、取り組む姿勢に温度差があったり、こいつ怠慢だなぁと思ったら、ちゃんと注意をすることも俺の仕事だと思うようになった。いろいろ思ってても言わない人の方が多いんだろうけど、俺は、先輩でも後輩でも関係なく言うよ。

だから、すんげえ疲れるの！

ずっと気を張ってるからね。主役って大変なんだなと思ったよ。

言われた相手？　まぁ、響くやつには響くし、響かねえやつには響かないね。やるやつはやるし、やれないやつはやれねぇってことなんだろうけど。でも現場に行ったら、やるかやらないかの二択しかないの。待ったなしなんだから。

俺はやるやつが好き。やれねぇやつは嫌い。やれねえんだったら出てくるんじゃないよって思うから。

だって、その役をいただけるまでにどれだけの競争があったと思う？　ものすごい倍率の中でチョイスしてもらって現場に来てるわけでしょ？

昔『ウチくる!?』って番組に出たとき、北野監督にいただいたお手紙にそんなことが書いてあったの。

「寺島が主役をやることによって何人の役者が仕事をなくしてるか、そのことを考えろよ。出られなかった役者たちが寺島の芝居を見て、この芝居だったら仕方がねぇやってねじ伏せなくちゃいけない。そう思わせるのが役者の仁義だ」

って。そんな内容だった。

俺、本当にそのとおりだなって思ったよ。

俺なんて出られない時期が長くて、俺が落ちた役に受かった役者の演技を見て「なんだよ、俺の方がいいじゃねえかよ」って、そんな思いゴマンとしてきたからね。だからこそ、誰かに「なんだよ、寺島より俺の方がいいじゃん！」なんて思われたくない。ああこれならしょうがねえやって思わせたい。常に「役者の仁義」ってもんを忘れないように心がけてるし、どんな役者にとっても、それはすごく大事なことだと思ってるよ。

だから、現場に来たからにはみんなで力を合わせて頑張んないとさ。

渡瀬恒彦さんから受け継いだもの

そういう座長としての立ち居振る舞いは、ドラマの先輩、渡瀬恒彦《わたせつねひこ》さんや名取裕子《なとりゆうこ》さんにも教えてもらったね。

渡瀬さんには、ずいぶんかわいがってもらった。

俺さ、江戸っ子でばーっとやってるところもあるんだけど、交友関係は決して広くない。だから、お付き合いする人って限られてくるの。

そんな中、渡瀬さんはいつも俺のことを気にかけてくれて、いろんなアドバイスをしてくれた先輩だった。

出会いは渡瀬さんの『十津川警部』シリーズだったと思う。

初めて共演させていただいたあと、たまたま家が近所だったことでかわいがってくださって。いろんな話をするなかで、渡瀬さんが「役者って繊細じゃなきゃできないから」っておっしゃったことが俺はすごく胸に響いてね。「あ、繊細でいいんだな」って。

俺、人の気配にすごく敏感なのよ。

『あ、こいつ集中してねぇな』とか『覇気がないな』、『動きの勘が悪いな』とか、そういうのはすぐ分かっちゃう。なんせ、殺陣の世界はちょっとした不注意が命取りになるからね。

それは、剣友会時代、とにかく現場を見ろ、って叩き込まれたことが関係してるのかもしれない。安全に殺陣をやるには現場をしっかり見てないとうまくいかないってことなんだけど、自分とは直接関係ないシーンでも、常に今どういう状況で、現場の雰囲気はどうなのかとか、さりげなくみんなの動きを見て把握してるよ。

昔、ある役者さんの吹き替えで、火《ひ》の見櫓《みやぐら》から飛び降りるスタントをやったことがあってさ。本番のとき、俺が吹き替えをやった役者さんが現場にいなかったの。まぁ、自分はやらないから関係ないと思ったんだろうね。そしたら、その現場の殺陣師だった高倉英二さんが「あいつを連れてこい！」ってすげえ怒ったんだよ。で、やってきたその役者に向かってビシッと言った。

「お前ができない危険なことをやるんだから、ちゃんと現場で見てろ！」

って。シビレたね。『あ、かっこいい〜』と思った。

そういう経験もあるから、できるかぎり現場を見て細かく気を配ってるんだけど、その一方で「俺って細かいところを気にしすぎるのかな？」なんて思うことも、なきにしもあらずだったのよ。

でも、渡瀬さんにそう言ってもらえて、これでいいんだって認めてもらえた気になった。演じるって、要は勘だからね。その勘どころをつかむには不感症じゃダメなんだ。

渡瀬さんには「脇役が個々に光って支えてくれるからこそ、主役が引き立たせてもらってるんだ」ってことも教えてもらったし、台本の読み方、台本の打ち合わせの大事さも教えていただいた。

渡瀬さんはいつもご自分が主役を務めるシリーズの準備稿（最初に作られる台本）を2冊持っていて、1冊は台本を読み込んで、気になるところをチェックしてプロデューサーに渡す、っていう作業をずっと続けられてた。それで決定稿が作られるわけね。でもそれって、普通に考えてめちゃくちゃ大変じゃない、台本を覚えつつ次の話の台本をチェックするんだよ？　俺、あるとき、気になって聞いたんだよ。

「2時間ドラマはなんとかできそうですけど、連ドラの場合は1話、2話の撮影をやってるとき、同時進行で3話、4話の台本をチェックするわけですか？　頭がこんがらがらないですか？」

って。そしたら渡瀬さんは、「なんとかなるから」ってサラッと言われて。そこまでやってたのは、俺が知るかぎりは、渡瀬さんと名取裕子さんのお二人だけだね。ま、そんなお二人の背中を見ていた俺も見習いたいとは思ってるけど、なかなか……まぁ、連ドラの主演は1本しかやってないから、まだまだ〝なんちゃって〟だな。でも、それくらいの姿勢で取り組みたいなとはいつも思ってるよ。

渡瀬さんとは、俺が結婚してからは家族ぐるみでお付き合いさせていただくようになった。

うちのカミさんや子供のことも気にかけてくださって、ときどき渡瀬家と寺島家で焼肉に行ったりして、食事会もやってたんだ。

仕事には厳しいけど、すごく優しい人でね。うちの娘が「渡瀬さん、カラオケ行きたい」って甘えたら「考えとく……」ってシブく言いつつ、食べ終わったら「じゃあ行くか！」なんて、率先してカラオケボックスに連れて行ってくれたりもした。

そうそう、そのとき部屋に入ったら、娘が部屋の照明スイッチを、ちょっとふざけていじりだしたんだよ。そしたら俺が怒るより先に「〇〇（名前）、やめろ！」って渡瀬さんがバシッと怒ってくれたの。子供だからって表層的な付き合いじゃなくて、しっかり向き合ってくれてるんだなぁって、ちょっと感動したよ。

あるとき、『ドクター彦次郎』の撮影で京都にいたら、渡瀬さんも『おみやさん』の撮影で京都にいらっしゃってたの。

東映京都撮影所の2階に俳優会館ってあるんだけど、自分も僭越ながら渡瀬さんと同じように主役で京都に来てるってことで、朝、撮影所に入るたびに、なんか心がウキウキするような感覚があってさ。

あれはお互いの撮影が終盤に差し掛かったころかなぁ、渡瀬さんが「テラ、俺の部屋来てメシ食わねえか」って連絡をくださって。それで渡瀬さんのホテルのお部屋を訪れたんだけど、そのとき、サラッと言われたんだよね。

「家族以外、誰にも話してないんだけどさ、実は俺、ガンなんだよ。テラには言っておこうと思って」

すぐ「おい、焼酎飲もう」とか言いながら、グラスに吉四六《きっちょむ》をドボドボ入れてぐっと飲んで「うまい！」って、いつもどおりの渡瀬さんになったんだけど……。

俺、なんて答えたかハッキリ覚えてない。でも、お通夜みたいになるのは嫌でさ、俺もこの調子で「おいしいですね！」とか言ったのは覚えてるけど。

渡瀬さんが「じゃ、もう寝るから」って言葉で、その日は解散になった。「おやすみなさい」って言って、俺は宿泊先に帰るためにタクシーに乗ったんだよね。いつも行く銭湯があるんだけど、そこで車を降りて、そこからたまらずカミさんに電話した。銭湯の近くの路地裏で。そしたら思わず泣けちゃってね……うん。

でも、ま、明日も撮影だから泣いてらんねェだろうと思ってさ。泣いたら目が腫れちゃうだろ？　撮影にならねえから、風呂に入って、気持ち切り替えて……。

次の日、撮影所で渡瀬さんと顔を合わせたときは、いつもどおり、俺が「おはようございます！」って挨拶して、渡瀬さんは「おう」って感じでさ。なにげない日常のやりとりだったけど、その裏には言葉にはできない思いがあった。

渡瀬さんはしんどい感じは全然見せなかった。いつでも毅然としてかっこよくて、侍みたいな人だったね。

それからしばらくして、渡瀬さんが亡くなって……その翌日だったと思う。奥様からお電話をいただいたの。マスコミには知らせない家族葬で送るから「顔だけ見に来ませんか？」って言ってくださって、カミさんと最後のお別れに行ったんだ。

横たわっている渡瀬さんを見たときは……夫婦ともに号泣だった。そしたら奥様が言ってくださったの。

「うちの人はね、寺島さんのこと〝えこひいき〟してたからねぇ」

その言葉を聞いて、あ、やっぱり、俺、えこひいきしてもらってたんだなぁ〜って思ったよ。いろんな場面が蘇ってきた。ガンのことを聞いたときも、部屋にいた渡瀬さんのお付きの人がビックリしてたなぁとか。

『ドクター彦次郎』が放送される前、どうしても見ていただきたいときは渡瀬さんに「明日やるんで見てください」ってお電話することもあった。そしたら忙しいはずなのに、ちゃんと律儀に見てくれて連絡をくれるんだよね。

「ハチャメチャだったけど、面白かった。やっぱり吉田啓一郎《よしだけいいちろう》監督は美しい京都のいい画を撮るなぁ」

とか。そう言いつつ「ま、でもお前の長ゼリフには難があるな」なんてね。

ああだった、こうだったっていろいろ感想を言ってくれた。あれも、ひいきしてくれたからだったんだな。

これも、俺の一生の自慢。

役者は人間性が問われる仕事

思えば、渡瀬さん「俺とテラの違うところは、品だな」って笑いながら言ってた。かっこいいのはもちろんだけど、渡瀬さんって普段からすごく品がある人なのよ。だから、どんな悪い役をされても品があった。

俳優って演技力だなんだっていっても、人間性ってどうしようもなく出ちゃう。だから、俺もこれからは日常も品よく過ごして、渡瀬さんの品の良さをマネしたいと思ってる。品は生まれ持ったもんもあるから難しいんだけどさ。ま、品のある場所の出じゃないからね。

でも、今は街を歩いていて声をかけられたら、意識的に「ああ、ありがとうございます」って笑顔で品よく応えるように意識してるよ。昔は「おう〜ありがとう〜」とかだったけど。よくカミさんにも注意されてたのよ。

「進さん……今の品がないわよ！　相手の方、不快な気持ちになったかもしれない。もっと品よくして」なんて。

でもまぁ、意識し始めたところだからさ。それはこれからの俺の大きな課題だな。渡瀬さんからいただいた宿題だと思ってる。

昭和のDNAを引き継ぎたい

2時間ドラマだった『駐在刑事』は2018年に連続ドラマにもなった。

いやぁ……嬉しかったねぇ。2014年から年に1~2回放送してついに連ドラ化したの。まさに俺の座右の銘「継続は力なり」だな。

これも楽しんで見てくれた人と、スタッフやキャストのみなさんのおかげ。いや、お世辞じゃなくてさ、『駐在刑事』は、キビキビいい動き方をするスタッフやキャストばっかりで、すごく気持ちのいい現場なのよ。

ドラマは東京の奥多摩が舞台。俺は町の駐在さん役なんだけど、実は元警視庁捜査一課の敏腕刑事で、ある事情があって左遷されてそこにいるわけ。そんな駐在さんが地元の人々とふれ合いながら事件を解決していく、人情派ミステリーだな。

ロケ場所に行くのに片道2時間かかって大変だけど、美しくて懐かしい風景の中で撮影していると、なんだか〝原点〟に戻れるような気がする。

制作の記者会見で「日本一美しい連ドラにする」って断言したけど、まあ、それだけの手間暇はかけてるって言えるよ。

ドラマは夜8時っていう時間帯。

この時間帯は、本当に全国津々浦々、いろんな人が見る。2018年は各地で災害被害に遭われた方が大勢いたじゃない？　だから、みんながストレスなく見れて、少しでも元気になってほしいと思ってやったよ。子供が見ても、お年を召された方が見ても、誰が見ても分かりやすく。義理人情があって、愛も正義もあって、アクションもあって。笑いがあって、涙もあって……。凝縮されたものが注ぎ込まれた1時間のドラマなのよ。

昔は8時台のドラマってみんなそんな感じだった。今はそういうものが少ないから逆に目立つけど……やっぱり、俺は昭和のDNAを引き継がねぇとよ。

俺は銭湯に行くの好きなんだけど、銭湯に行くとね、だいたいお茶の間の人たちの感覚をリアルにキャッチできるんだよね。

放送期間中、銭湯に行ったとき、番台のおばあちゃんに声をかけられて言われたよ。

「お兄さんが出てる『駐在刑事』ってドラマ、分かりやすくていいね〜」

俺、すごく嬉しかったよ。

映画俳優ってモンにこだわってたころは「分かりやすい」って誉め言葉じゃなかった気がする。でも、今は素直に嬉しいよ。ってことは、俳優として歩く道が変わったのかっていうとそうじゃないんだ。

結局はそれもバランスなのよ。やりすぎず、見てくれてる人を突き放しすぎず、でもなるべく説明セリフは減らして、いい塩梅《あんばい》にみんなに楽しんでもらえるドラマにしたいってだけ。俺はそこを目指してるからね。

いざ、主役へ

今は高倉健さんとかさ、映画スターの名前で作品がヒットする時代は終わったと思う。ドラマもそうで、主役はいるけど脇にもしっかり役回りがあって、キャラが立ってる、全員野球で取り組んでる作品の方がウケてるよな。

だから『駐在刑事』も、結束力を持って全員野球で取り組んだよ。

みなさん、それぞれの役に見せ場があるし、それぞれ個性を発揮してくれればありがたいなと思うし。主役を経験されてる方も多いから、ホントにみんなが頼りになる全員野球の感覚がある。

だから、俺はその中で、座長というか、キャプテンみたいな感じだな。

やっぱり、キャプテンとしての責任があるから、少しでも宣伝しようと思って、ドラマが始まる前には、知り合いとか親戚のつてがある場所に『駐在刑事』のポスター、貼りまくったもんね。30枚ぐらいは貼ったと思う。ポスターがどれくらい効果があるのか分からないけど、単館系の映画が中心だったころのクセというか、やっぱり口コミって大事だからさ。俺、こんなに視聴率のことを気にしてドキドキしたのは初めてだよ！

視聴率って撮影してる最中に出るわけで、そりゃあやっぱり良い方がいいじゃん。現場の志気も高まるから。

おかげさまで、その甲斐あって視聴率が良くてね。

名取裕子さんからも「やり過ぎず、ちゃんと寺島さんの人情味溢れる雰囲気が出てて良かったです」ってメールをいただいて、ホッとしたよ。名取さんは渡瀬さんと同様に、俺の仕事とうちの家族を気にかけてくれる、尊敬している先輩の一人だからさ。お陰さまでいい結果を出せて、ホントに共演者の人とスタッフに感謝ですよ。年をとればとるほど感謝の思いが強くなるもんだな。

これからは、俺も背中で語りたい

俺、いろんな人に育てていただいたと思う。自分で言うのもおこがましいけどさ。だから、その恩を返すためにも、そろそろ下を育てなきゃいけないかなぁ、なんてちょっとは思うようになった。

ちょうど『駐在刑事』が始まる前に一通の手紙をもらったんだ。

昔、俺が北野監督にいただいて心の支えにしてきた言葉があるでしょ？

「役者ってのは、死ぬまで現役でいられるんだから。今売れてなくても20年後、30年後に売れて死ぬ間際に天下取ったら、あんちゃんの人生、勝ちだからよ」っていう。この言葉をいただいた経緯や、『ＨＡＮＡ－ＢＩ』で行ったベネチア国際映画祭で北野監督に「寺島は粘り勝ちだな」って言っていただいた話を、あるバラエティ番組でしたのね。それを見て感動したっていう若い男性からだった。

彼は俳優志望らしくて、手紙には「寺島進さんの付き人、運転手やりたいです」って書いてあって熱い思いが綴《つづ》られてあったの。

そういう付き人志望みたいなやつは、たまに現れるんだ。

でも、俺も人の面倒見てる余裕なんてないし、まったく必要じゃなかったから今までは全部お断りしてたんだけど……これもタイミングかなぁ。

まさに『駐在刑事』のクランクイン秒読みってときに、俺の運転手をする予定だった若いマネジャーが突然、事務所をやめちゃったの。

俺、初の連ドラ主演でしょ。しかも、撮影は連日奥多摩まで2時間以上かけて移動しなきゃいけない。出番は多いわ、移動時間長いわで、どうしても運転手が欲しかった。それで、ひとまずマネジャーに、手紙の彼がどんな男なのか見に行かせたんだ。そしたら演技は未経験だけど体育会系でしっかりした男だっていう調査報告が届いて……これもご縁だと思って、来てもらうことにしたんだ。

それで、とりあえず『駐在刑事』の撮影期間、3か月、運転手をやりながら、現場も見て覚えるっていうハードなスケジュールを体験してもらうことにした。俺が宇仁貫三さんの運転手をやって、いろんな現場を学んだみたいにね。俺もそうだったけど、20代は体力があり余ってるからさ。ちょっとくらいなら、ムチャできるし、いろんなこと見て吸収して欲しかったから。

この世界のことは右も左も分かんないから、一から十まで、ラーメンの食べ方から、風呂の入り方から、気づいたことは全部教えてさ。

まず一番大事なのは礼儀だよね。だから「おはようございます」「おつかれさまでした」とか、「ありがとう」「ごめんなさい」とか、「いただきます」「ごちそうさまでした」とか、そういう基本的なことができるのは大前提だから。それはこの業界以前に、人としても大事なことだけど、意外にできないやつはできないからね。

あとはちゃんとしたおごられ方とか。俺たちはサラリーマンじゃないんだから、メシに行けば先輩がカネを出すもんだ。その代わり後輩は自分勝手に注文するんじゃなくて、ちゃんと気遣うことも大事。そして次の日、ごちそうさまでしたって連絡入れるのが礼儀なんだぞってこととかね。

最初はできないこともあったけど、どんどん吸収していって、俺が車で休憩してるときも車の横でピッと立ってるし、俺のことをよく見ていてサッと飲み物を用意したり、なかなかよくできるようになった。

彼の立ってる姿を見て、地元の旅館のおばさんが「今どきあんな姿勢よく立ってる人っていないよね。誰も見てないときもピシッとして、真面目だよね〜」なんて感心しながらスタッフに話しかけてきたんだって。

そんな風の噂も聞こえてきて、だったら、もうちょっと勉強させてやろうと思って、スタッフに相談してさ。奥多摩警察署の入り口に立ってる警官の役をやってもらうことにしたんだ。それだったら演技経験なくても大丈夫だからさ。セリフもないし、引きの画でしか映らない役だけど、それも大事な一歩だから。

「すごく緊張しました」って言ってたよ。

「その緊張感、大事だから忘れるなよ」って言っておいた。

今は、俺の弟子になったからにはアクションができなきゃダメだからってことで、知り合いのアクションチームのところでトレーニングしてるよ。

石の上にも三年。「三年は辛抱しろよ」とは言ってるんだけど、今のところ、真面目にちゃんとやってるね。

俺が教えられることはたかが知れてるけど、まぁ、俺の生き様を見て、何か感じてくれたらいいなと思うよ。

結局、俳優は生き様が映っちゃうんだ。表に出るんだよ。嘘をついてると、嘘つきの顔相になっていく。だから嘘をつかないで、粘り強くやり続ける強さを持つこと。あと、ケチなやつやカネにだらしないやつもダメ。やっぱり、そういう顔になるから。

それこそ、寺島家の家訓、「愛・恩義・結束力」だよね。それを大事にする男でいれば、どこでもやっていけるし、いい役者になれる可能性もあるんじゃないかな。

主役をやって分かった脇役の本質

主役もやらせてもらうようになって、変わったことはまだあって。面白いもんで、脇役について前よりよく分かるようになったんだよね。

20代、30代のころはとにかくガムシャラだった。いわゆる「俺が、俺が」で、出番は少なくても、ワンシーン、ツーシーンでいかに爪痕を残せるかが勝負って感じ。隙あらば主役を食ってやるぜ、ってギラギラしてたよ。

でも主役側に回ると、その「主役を食う」のベストなバランスが分かってきたの。俺に対して、かつての自分みたいにグイグイ来る人もいる。それはいいんだけど、ここまで来られるとあんまり行儀よくないな、気持ち悪いなとか、逆にこう来てくれると気持ちいいなとかさ、主役と脇役のいい距離感ってもんが俄然分かるようになった。「主役を食ってやる」とかいう段階から、もう一段、視点を上げてみたら、主役をしっかりサポートしつつ自分の味を出すことで、自然と爪痕が残ることが分かったって感じだね。

50も超えて遅いけど、ようやく全体のポジショニングとか、自分に求められてる役回りが分かり始めてきた気がするよ。

そう、だから脇役の大きな役割は「サポート」なんだよな。

日本じゃよく、脇役という代わりに「バイプレーヤー」って言葉を使うけど、英語では「サポーティングアクター」っていうらしい。まさに、俺の感じたことと同じで、だから俺はバイプレーヤーって言葉より、サポーティングアクターって方が好きなんだけど。

そういう、本来ならサポートする側の俳優を中心にした『バイプレーヤーズ』ってドラマもあった。

大杉漣さん、田口《たぐち》トモロヲさん、遠藤憲一《えんどうけんいち》さん、光石研《みついしけん》さん、松重豊《まつしげゆたか》さん、そして俺。一昔前は、本当にいろんな現場でしょっちゅう顔を合わせたサポーティングアクターばっかり集めて、そのまま「本人役」として演じるっていう、フェイクドキュメントみたいな、一風変わったドラマだったね。

今は脇というよりは主役のイメージが強くなった人もいるし、相変わらず、みんなよく働いてるから6人で集まるのはホントに久しぶりで。

もちろん、これはドラマだからしっかりした台本もあって、完全にフィクションなんだよ。世間のイメージが本人の素に近い人もいれば、全然違う人もいて。でも、見てる人はどこまでが演技でどこからが素なのか、フィクションとノンフィクションの境界線があいまいになるような世界を楽しんでもらえたみたいで、反響も大きかった。

俺？　自分じゃ分からないけど……でも実は俺、この中で一番若いの。だから、普段はみなさんに対してちゃんと敬語で話してるんだけど、ドラマの中ではタメ口キャラになっててさ、そこはちょっとやりにくかったね。

回を重ねるごとに違和感が増して、結局、最後は敬語で話すようにした。その方が

「俺」を演じやすいから。

逆に普段から全然変わらないのは大杉さんのキャラクター。ドラマの中でもおしゃべりだったけど、ホントに普段からおしゃべりなんだよ。現場でもずっとしゃべってたもんね。まぁ、場を盛り上げてくれてたんだ。

SABU監督の『ポストマン・ブルース』って映画では、漣さん、聞かれたことは何でもしゃべっちゃう心優しい殺し屋の「おしゃべりジョー」って役だったんだけど、あれは漣さん本人のキャラがもとにあっての役だったと思う。

四章でも言ったけど、現場で会うと、いつも「寺ちゃ〜ん!」って声かけてくれてさ。あの笑顔を見ると、どんな緊張感漂う現場でもフッと緊張が消えたもんだ。

館山のシェアハウスで何日も撮影して、撮影が終わったらよく飲みに行ったりもしたね。

『バイプレーヤーズ』は好評で、続編も作られた。ところが、俺だけスケジュールの都合で出られなかったんだよね。ま、いろんな原因があるんだけど、一番大きかったのは当時のマネジャーの連絡ミス。俺に伝えるべき伝達事項がまったく入ってこなくて、勝手に一人でいろんなことを決めて進めちゃって……。気づいたときにはもうどうしようもなかった。まぁ、そういう行き違いもたくさんあった。

ただ、もっと言えば、スケジュールだけじゃない別の理由もあった。

第1弾の俺がフィーチャーされる回のとき、最初に来た台本を読んだら「寺島」っていう俺の役は、悪役ばっかりやってるから、幼稚園生の娘が「お前の親は悪人だ」ってイジメられる話になってたの。

これは……ちょっとまずいと思った。実際の俺も、当時、本当に幼稚園生だった娘がいたから。もちろんドラマはフィクションだよ？　でも現実と虚構があいまいな世界だから、これは誤解を受ける危険性を感じたの。

もしこのドラマの影響で、娘が本当にイジメられたら誰が責任を取ってくれるの？　そこで担当のプロデューサーと協議して「娘」という設定から、「俺のファンの子供」という設定に変えたんだけど、正直、これ、ちょっと大丈夫かな？　と思ったの。だから、ちょっと大袈裟に言うと家族を守るために第2弾はご辞退したかったのも本心だね。

戦友、大杉漣さんのこと

ただ、大杉さんの第一報が入ったときは……。

あのドラマが大杉さんの最後の現場になるなんて思ってもみなかったし、もし俺が出てたら、何かが変わったのかな？　なんて非現実的なことまで考えちゃったりもして……。

なんか信じられなかったし、ずっと実感も湧かなかったの。そしたら前（四章）も言ったけど、漣さんが亡くなって何日か経って、夢の中に出てきたんだよね。元気な姿で、いつもみたいに「寺ちゃ〜ん！」とか言って笑顔で手を振ってさ。

ところが、それから何度も夢に出てくるんだよな。

漣さんはいつも同じ感じ。笑顔で「寺ちゃ〜ん」。だから、別に怖いとかいう感じでは全然ないんだけど。

一度なんて、『バイプレーヤーズ』のメンバーが全員集まって「よく忙しいのに集まれたね〜」なんて言ってるバージョンの夢も見た。

一度ズレるととことんタイミングがズレるのか、俺、漣さんのお別れ会にも京都の仕事で出席できなかったの。お花だけは出したんだけど……だから、ずっと気がかりだった。それが常に意識のどっかにあって、そんな夢を見たのかもしれないけど、早く墓参りに行きたい、行かなきゃなぁって思ってたんだ。

あれは2018年の11月6日。

『駐在刑事』の撮影で奥多摩に来てたんだけど、雨でロケが中止になったの。もう来ちゃってるし、さて、どうしたもんか、と思いを巡らせてたらハッと思い出した。松田優作さんの命日だって。

優作さんのお墓は西多摩霊園にあるから、ちょうど近い。それで、まず優作さんのお墓参りに行ったんだよね。それで、なんか勢いついちゃって、ヨシ、もう今日はお墓参りをする日だ！　と思ってさ。

それから漣さんのお墓参りにも行ったんだ。

お寺の場所は聞いてたんだけど、お墓の場所までは分からなかった。ところが、お寺に着いた途端、たまたま住職さんとバッタリ会ってね。またそれが偶然にも、前にまったくの別件で一度お会いしたことのある住職さんでさ。俺のことを覚えてくれてて、声をかけてくれたの。

「あれ。寺島さん、今日はどうしました？」

「すみません、大杉漣さんのお墓にお参りしたいんですが、場所は分かりますか？」

「あ、じゃあご案内しましょう」

って、すぐに案内していただいてね。

ズレたタイミングがまた元に戻った感じがしたよ。

やっと墓前に行って、お線香をあげられて……時間がかかったことをお詫びしながら手を合わせた。そしたら、不思議なことにパッタリ夢に見なくなったんだ。

そのあとすぐに、あるドラマのオファーがあった。

それは２０１２年から毎冬やってる、名古屋発の群像ドラマで、大杉さんが主役の一人を務めていたシリーズ『名古屋行き最終列車２０１９』だった。俺がオファーされたのは、まさに大杉さんが出演してた神宮小路のラーメン屋「えん楽」の物語。今までの世界観をそのままに引き継いでほしいってオファーで……ああ、これは間違いなく漣さんが導いてくれたご縁だなぁと思ったよ。

『ソナチネ』で出会ったあと、漣さんは『ＨＡＮＡ－ＢＩ』でいろんな映画の賞を総なめにして、俺は『ＢＲＯＴＨＥＲ』で世間に注目されて、ともに北野映画から仕事の幅が広がっていった戦友だった。だから、俺なりに大杉さんを弔うつもりで引き受けさせてもらったよ。

大杉さんの奥様にもお電話をして、俺からも報告させていただいた。「大杉さんのあとを引き継いでやらせていただくことになりました」って言ったら、奥様から「大杉も喜んでると思いますよ」と励ましのお言葉をいただいて……。

ロケ地の神宮小路に行ったら、不思議と大杉さんの気配が感じられた。ああ、ここに確かにいたんだなって……。

俺も含めて、他の出演者もスタッフも、全員が漣さんへの想いを込めて作った、いい作品になったと思う。大杉さんの顔に泥を塗らないようにしないと、っていうプレッシャーはあったけど、やらせていただいてよかったよ。

役者は現場あってこそ

その「えん楽」は本物のラーメン屋さんをお借りして撮影したんだけど、俺にラーメンの湯切りを教えてくれたその店のご主人、背筋なんてシャンと伸びて精悍《せいかん》な人でさ。かっこいいから年齢を尋ねたら、なんと84歳だって！　もう、全然見えない。「なんでそんなにお元気なんですか？」って尋ねたら、答えが最高だった。

「酔っぱらいに負けてらんねえからね」

夜、〝締めのラーメン〟で酔っぱらい客が来るわけよ。その酔っぱらいどもが暴れたら対応しなきゃいけないからね。気を張ってるから若いんだろうな。

俺、このご主人に出会うまでは「70歳まであと20年は頑張らなきゃな」なんてよく言ってたけど、今は「あと30年は頑張らなきゃな」って目標を変えたよ。

漣さんはよく「現場屋、現場屋」って言ってたけど、役者ってやっぱり死ぬまで現役でいたいわけ。俺だって死ぬまで現役でやりたいと思うもん。

それに俳優って仕事はさ、亡くなってからもその姿はフィルムに焼きついてる。誰かがフィルムを見るかぎり、永遠に生きてるんだ。松田優作さんしかり、渡瀬恒彦さんしかり、漣さんしかり。

だから、俺も負けないように頑張らないとね。

3、4年前、漣さんからもらった年賀状に「最近、芝居が面白くなってきた」って書いてあったの。もう十分やりきってるように見えるかもしれないけど、その感覚、俺も分かるなぁと思った。演じる面白さは、出会うスタッフやキャスト、いい台本との出会いでどんどん変わっていくし、進化していくもんだから。

俺もまだまだいろんな役に出会っていきたいね。だからあと30年。86まで頑張んないと。いい年の重ね方をしたいね。

人生は予測不能だからこそ面白い

30代の俺は、自分が所帯を持って、二人の子の父親になるなんて予想もしてなかった。子供たちは大人が予測できない動きばかりで、決して「1＋1＝2」じゃない。油断できないもんだって肝に銘じてるけど、人生って思いもよらないことばかりで、だから面白いんだろうな。

お世話になって25年目に、オフィス北野から〝卒業〟することになったのも、まさかの展開だった。なんとか一人前になって、人生の後半戦が始まろうってときに……

ホントに人生は予測不能なことだらけだわ。

俺も人生後半戦だから、いろいろ悩んだよ。実は、たけしさんの新しい事務所に誘っていただいてもいた。無名のときから使ってくれて、ここまで引き上げてくれた育ての親に頼りたい気持ちがないわけでもなく……。でもそこは甘えてはならないと思った。

それに、もっと上を目指して大きくジャンプしたいしね。そのためには、思い切った大きな踏み込みも必要だと思ったの。

それで、新しい道を歩くことに決めた。


いろいろな可能性を探っていくなかで、また、ご縁を感じる人に出会ってさ。始まりは知り合いの事務所っていう紹介みたいな形だったんだけど、その事務所の社長は、シャネルズのボーヤ（付き人兼運転手）からスタートした叩き上げの人だから、俺としては歩んだ道に共通点を感じて信用できると思ったんだ。世代的にも俺より少し年上で、いい意味で腹を割って話せる感じもあった。

俺自身、まだまだ発展途上の人間だし、もっともっと上を目指して行きたいからね。この年からの「攻め」の姿勢を、きっと理解して後押ししてくれるんじゃないかって……心機一転、新たな気持ちでお世話になることに決めたんだ。

気持ちが固まったときに、たけしさんにご挨拶に行った。

「まだ内密なんですけど、11月いっぱいで卒業させていただこうと思っています」

って。そしたら快く言ってくれたよ。

「寺島は十分、義理は果たしたからな」

って。そんなねぎらいの言葉と同時に「台本、今、書いてあるのがあってよ。ちょっと面白くてかっこいい役あるから」っていうプレゼントもいただいてね。

また、別の機会にはこんなことも言ってくれた。

「まあ、寺島は名前ができあがってるから、あとはいい年の重ね方をしろよ」

親から背中を押して送り出してもらった気がした。

だからまぁ、事務所は変わっても俺の北野監督に対する思いの軸はブレないし、関係性も変わらないよ。忘れてはいけない恩師でもあり、育ての親であり、俺の親分だから、一生の。

北野武の背中を超えて人生の天下を取りたい

これから？　そりゃ、もうてっぺん目指すよ。

誤解を恐れずに言うと、今までは、どっかで「打倒、北野武！」だったの。いやいや、そんなもん超えられるわけもないんだけど、親を超えていくのが、子の使命って意味でさ。恩に報いる一番の孝行は、俺が大きく成長することでしょ。

でもこれからは、新しい事務所でトップを張れるように頑張って、やがては日本でトップを張れる俳優になりたい。で、北野監督の言葉じゃないけど、死ぬ間際までには天下を取りたいね。

死ぬまで現役で行くためには、今はドラマが主戦場だけど、またある時期が来たら映画が主戦場って感じにシフトしていこうとも思ってる。ドラマの撮影ってけっこう体力的にハードだから、だんだんしんどくなってくると思うし……。もちろん、映画もドラマもバランスよくやりつつだけど、自然な流れでいい感じに軸足を移していけたらいいよね。

シフトしていくって意味では、そろそろヤクザ映画の寺島進もやんねえとなぁ。

最近は刑事ものばっかりだから……。

世間の人も最近は下町の優しいあんちゃんみたいなイメージが浸透しちゃって、みんな気安く声をかけてくるけど、ホントはコワい人なんじゃないかと思われるくらい、また悪に振り切るのも面白そうだ。

まあ、いつどんな声をかけられてもいいように、戦闘態勢でアイドリングして待ってるよ。

誰だって浮き沈みがある世界。

自分に気を入れて行かねぇと、鮮度が落ちちゃうからさ。繁盛してる魚屋さんや八百屋さんに行くと、魚や野菜がキラキラ光って見える。それと一緒で、やっぱり俺たちもくすんでちゃいけねぇんだ。いい年の取り方して、いつまでもキラキラしていたい。鮮度のいい役者でいたいね。

現実的にも、子供の年齢を考えたら、あと20年はバキバキの現役じゃないと困るからさ。あと10年もしたら上の娘が免許を取れるから、俺の運転手をやってもらうのもいいなァ。息子は15年先か。やっぱり、仕事場での親父の背中を見せて、何か感じてもらいたいって思いもある。

そのためにも、70過ぎてもかっこいい男でいたいね。これからの俺に今一番ワクワクしてるのは俺かもしれない。

だからときどきは後ろを振り返りつつ、これからも前に向かって進んでいく。寺島は〝進〟だから、常に前に進んでいかねェとな。

感謝！

こうやって俺の半生を振り返ってみると、出会った人たちに支えられてきたんだなァってことがしみじみ本当によく分かった。

もう、すべてに感謝しかないね。

いろんな思いの感謝があるけど……まずは寺島進をこの世に誕生させてくれた両親に感謝！　そして幼少期に出会ったみなさん、思春期に出会ったみなさん、俺に人生の大事なことを教えてくれた深川の先輩たち、三船芸術学院で出会った人たち、俺の初めての師匠・宇仁貫三先生、K＆Uの先輩たち、他の剣友会の先輩たち、俺の直系の先輩である殺陣師・二家本辰己さん、食いつながせてくれたウェスタン村のリーダー・森本浩さん、本当にありがとうございました。

この世界に入って初めて見た光り輝くスター・松方弘樹さん、なぜか俺を褒めて自信をくださった松田優作さん、俺の恩師で育ての親で一生の親分・北野武さん、戦友・大杉漣さん、いろんな現場で俺を活かしてくれた監督、スタッフのみなさん、共演者のみなさん、オフィス北野でお世話になった方々、そして新たなスタートを切るために力を貸してくれたジャパン・ミュージックエンターテインメントのみなさん、恩人・渡瀬恒彦さん、名取裕子さん、『ドクター彦次郎』、『駐在刑事』で力を貸してくれた出演者、スタッフのみなさん、本当にありがとうございました。

そして俺を支えてくれる家族、かみさんのご家族、両家の親戚一同様、両家のご先祖様、親友ノンちゃんにも感謝！　俺の思いをまとめる手伝いをしてくれた大道絵里子さん、連載した「ＦＩＬＴ」スタッフのみなさんにも感謝です。

本当に、みなさんとの出会いによって今の俺は生かされています。ここに書ききれない心からの熱い思いを込めて……

出会ったすべてのみなさんに感謝！

２０２０年１月　寺島進

寺島進

てらじま・すすむ

東京都出身。俳優・松田優作が監督した『ア・ホーマンス』でデビュー後、北野武監督作品で活躍の場を広げる。映画のフィールドを中心に、テレビドラマの世界でもその名が知られている。

受賞歴

1996年	第５回東京スポーツ映画大賞 新人賞『おかえり』
2000年	第14回高崎映画祭 最優秀助演男優賞『ワンダフルライフ』
2001年度	第56回毎日映画コンクール 男優助演賞『みすゞ』『BROTHER』『空の穴』
2002年	第11回日本映画プロフェッショナル大賞 主演男優賞『空の穴』『みすゞ』
2002年	第11回東京スポーツ映画大賞 助演男優賞『BROTHER』
2005年	第３回日本ＤＶシネマ大賞 優秀助演男優賞
2006年	第29回日本アカデミー賞 優秀助演男優賞『交渉人　真下正義』
2006年	第15回東京スポーツ映画大賞 助演男優賞『疾走』『TAKESHIS'』

構成:大道絵里子
写真(240ページ):野呂美帆
企画協力:株式会社リョウマ
ブックデザイン:フロッグキングスタジオ

マネジメント:阿部　亨(ジャパン・ミュージックエンターテインメント)
林本尚樹(ジャパン・ミュージックエンターテインメント)

Special Thanks:瀧藤雅朝(ジャパン・ミュージックエンターテインメント)

本書は、「FILT」連載の
「俺の足跡」をもとに、大幅に加筆し、
書籍化したものです。

てっぺんとるまで！
役者・寺島進自伝

2020年1月24日　第1刷発行

著者　寺島 進

発行者　千葉 均
編集　木村やえ

発行所　株式会社ポプラ社
〒102-8519　東京都千代田区麹町4-2-6
電話　03-5877-8109（営業）
03-5877-8112（編集）
一般書事業局ホームページ
www.webasta.jp

印刷・製本　中央精版印刷株式会社

Printed in Japan N.D.C.914/238P/20cm ISBN978-4-591-16586-7
JASRAC 出　1913243-901

P8008274

今日も現場に。